프로는
리크루팅을 하고
아마추어는 영업을 한다

리크루팅 명장들의 특별한 리크루팅 기법!

프로는 리크루팅을 하고 아마추어는 영업을 한다

문충태 지음

중앙경제평론사

머리말

리크루팅을 모르는 당신, 세일즈를 모른다

'장님 코끼리 만지기' 라는 우화

우리가 잘 알고 있는 '장님 코끼리 만지기' 라는 이야기부터 시작해보자. 옛날 인도의 어떤 왕이 진리에 대해 말하다가 대신을 시켜 코끼리를 한 마리 몰고 오도록 했다. 그러고는 장님 여섯 명을 불러 손으로 코끼리를 만져보고 각자 자기가 알고 있는 코끼리에 대해 말해보라고 했다.

가장 먼저 코끼리의 코를 만진 장님이 말했다. "폐하, 코끼리는 기다란 무같이 생긴 동물입니다."

그러자 이번에는 코끼리의 귀를 만졌던 장님이 말했다.

"아닙니다. 폐하, 코끼리는 곡식을 까부를 때 사용하는 키같이 생겼습니다." 옆에서 코끼리의 다리를 만진 장님이 나서며 큰 소리로 말했다. "둘 다 틀렸습니다. 제가 판단하기에 코끼리는 마치 커다란 절구통같이 생긴 동물입니다."

영업만 가지고 세일즈를 논하지 마라

일부분만 보고 마치 전체를 아는 양 말하지 말라는 교훈을 담고 있는 우화이다. 그런데 이와 비슷한 현상을 종종 보게 된다. 세일즈에서 한 가닥 한다는 세일즈 매니저들에게 바로 이런 현상이 일고 있는 것이다. "내가 이 분야에서 경력이 몇 년인데. 그 동안 산전수전 다 겪어봤다고." 이렇게 말하면서 영업에만 치중하는 사람치고 세일즈를 제대로 알고 있는 사람은 아무도 없다. 그들은 세일즈를 절반밖에 경험하지 못했기 때문이다.

세일즈는 크게 두 부분으로 이루어진다. 하나는 영업하는 부분이고, 다른 하나는 리크루팅 부분이다. 영업에만 매달리는 사람은 세일즈를 절반밖에 경험하지 못한 사람이다. 즉 자기 혼자 영업하는 방법은 알지 모르지만, 조직을 통한 영업은 모른다. 그래서 그는 세일즈를 절반밖에 알지 못한다는 것이다. 그들이 말하는 세일즈는 '장님 코끼리 만지기'와 똑같다. 장님이 코끼리 다리만 만지고, 코만 만지고, 귀만 만지고 코끼리가 어떻다고 말하는 것과 무엇이 다르냐는 말이다.

세일즈는 리크루팅에서 완성된다

리크루팅을 모르는 사람은 세일즈를 모른다. 리크루팅을 하지 않은 사람은 세일즈를 논하지 마라. 리크루팅을 안 해본 사람은 진짜 세일즈를 모르기 때문이다. 세일즈는 리크루팅에서 완성된다. 즉 세일즈는 영업으로 시작해서 리크루팅으로 완성된다는 말이다.

흔히 '닭이 먼저냐, 달걀이 먼저냐' 하는 논쟁을 한다. 닭이 있어야 달걀이 나올 수 있고, 달걀이 있어야 닭이 생길 수 있다는 것이다. 이와 똑같은 논쟁이 바로 세일즈에서 일고 있다. 영업이 먼저냐, 리크루팅이 먼저냐 하는 논쟁이다.

세일즈는 영업을 기본으로 한다. 그러나 영업을 하려면 조직이 있어야 한다. 세일즈는 영업을 해야 생존할 수 있고, 영업을 하려면 리크루팅을 해야 살아남을 수 있다. 즉 세일즈를 잘 하려면 영업도 잘 해야 하고 리크루팅도 잘 해야 한다는 말이다. 어느 하나 소홀히 할 수 없는 부분이다. 그러나 대부분의 사람들이 영업에만 치중한다는 데 문제가 있다.

리크루팅의 등대가 되길 바란다

많은 세일즈 매니저들이 리크루팅 부분을 어려워하고 있다. 리크루팅을 해야 한다는 생각은 간절하면서도 리크루팅을 어떻게 풀어가야 하는지 그 방법을 찾지 못하고 있다. 리크루팅에서 우량 신인을 도입해야 한다는 데는 모두가 공감하면서도 그 방법을 몰라 답답해하는 경우가 많다.

그 동안 세일즈 매니저들로부터 이런 말을 많이 들어왔다. "시대가 변했고 시장여건이 많이 변했습니다. 그럼에도 불구하고 리크루팅은 아직도 옛날의 주먹구구식 방법 그대로 하고 있어요. 시대가 변했으면 리크루팅 방법도 달라져야 하는데……." 이런 말을 들을 때마다 이들을 위한 하나의 길라잡이가 있어야 한다는 절박함을 느끼곤 하였다. 리크루팅을 위한 등대가 있어야 한다는 생각이다. 등대는 깜깜한 바다에서 배가 어디로 가야 할지 방향을 제시해준다.

이 책이 리크루팅을 어떻게 풀어가야 할지 몰라 방황하는 사람들에게 하나의 등대가 되었으면 한다. 방향을 잡아주고 길을 안내하는 등대처럼 이 책이 세일즈 매니저들에게 리크루팅의 방향을 잡아가고 길을 안내해주는 역할을 했으면 하는 바람이다.

마지막으로 지금도 현장에서 리크루팅을 위해 열심히 뛰고 있는 세일즈 매니저들과 자신만의 톡톡 튀는 리크루팅 노하우를 아낌 없이 소개해준 많은 세일즈 매니저들에게 머리 숙여 감사를 드리고 그들의 무궁한 발전을 기원하는 바이다.

마케팅 액션 연구원 **문충태**

Contents

4장 리크루팅 대상자 찾기

1장

리크루팅에 임하는 자세

내 장사라면 어떻게 할 것인가

무엇이 가장 급할까

"만약 지금 하는 일이 내 장사라면 어떻게 할 것인가?" 한 매니저가 후배들에게 질문하는 말이다. 지금 일하고 있는 사무실 공간을 내가 임대해서 장사를 한다면 어떻게 행동하겠느냐는 말이다. 지금은 회사에서 공간을 마련해주고, 집기비품도 제공해주고, 사원들 급여도 회사에서 제공하고 있는데, 만약 내가 이만한 공간을 임대해서 장사한다면 지금과 같이 안일하게 하겠느냐는 것이다.

대충 한번 계산해보자. 지금의 공간만큼 사무실을 임대해서 장사한다면 먼저 임대료가 들어갈 것이다. 임대 보증금은 차치하고라도 월 임대료만 적어도 500만 원 이상 들어갈 것이다. 여기에 사무실 운영비며 집기비품 구입비, 사무직원 급여를 지급해야 할 것이다.

어림잡아 계산한다 하더라도 이만한 사무실을 운영하려면 적어도 한 달에 1,000만 원 이상 들어간다. 다시 말하면 지금의 공간에서 내 장사를 한다면 내 임금은 계산에 넣지 않는다 하더라도 한 달에 적어도 1,000만 원 이상은 이익금을 내야 한다는 말이다. 만약 그렇지 못하면 망하고 만다.

"내 장사라면 과연 지금처럼 하겠는가?" 이 매니저가 이어서 하는 말이다. "그럼 이것이 내 사업이라고 한다면 무엇을 가장 먼저 해야 할까?"

바로 당신 사업이다

우리 일에서 성공하려면 꼭 가져야 할 마인드가 하나 있다. 바로 '내 사업' 이라는 마인드이다. 그러나 대부분의 매니저들에게는 이 마인드가 없다. 아니, 리크루팅을 못 하는 매니저들에게는 이 마인드가 없다. 회사에서 사무실 공간을 마련해주고, 집기비품도 제공해주고, 내근사원들 급여까지 회사에서 제공해주기 때문에 리크루팅이 목숨과 연결되어 있다는 급박함을 느끼지 못하는 것이다.

이 사무실 공간에서 내 사업을 한다면 가장 먼저 무엇을 해야 할까? 누구나 '리크루팅' 이라고 대답할 것이다. 우리 일에서 가장 중요한 것은 판매사원을 확보하는 일이기 때문이다. 판매사원이 있어야 매출을 올릴 수 있고, 매출이 있어야 이익을 낼 수 있기 때문이다.

다시 말하면 영업보다 중요한 것이 리크루팅이다. 닭이 먼저냐, 달걀이 먼저냐를 따질 필요도 없다. 세일즈는 영업조직이 가장 우선시 된다. 양질의 사원이 있어야 영업도 있고, 이익도 있고, 살아남을 수 있기 때문이다.

한 명을 리크루팅하면?

세일즈에서 성공하고자 한다면 비즈니스 마인드로 임하라. 내가 리크루팅을 하는 이유는 내 장사이기 때문에 하는 것이다. 아니, 살아남기 위해서 하는 것이다.

"한 명의 신인을 리크루팅하면 월 100만 원은 번다고 생각해요." 한 매니저가 하는 말이다. 신인 한 명이 들어와 영업실적을 올리는 것만큼 내 이익금이 올라간다는 것이다. 그래서 그는 죽기 살기로 리크루팅에 매달린다고 한다.

Key Point 성공하는 사람과 실패하는 사람의 차이

월급쟁이 마인드	비즈니스 마인드
리크루팅? 해도 그만, 안 해도 그만이다.	리크루팅? 하면 살고, 못 하면 죽는다.

리크루팅은 선택사항이 아니다

타고난 운명이 있다

이 세상에 태어날 때 우리가 선택할 수 있는 것들이 있고, 선택할 수 없는 것들이 있다. 선택할 수 없는 것들을 우리는 운명이라고 한다. 나라, 부모, 성별 등이 바로 그것이다. 누가 한국에서 태어나고 싶었는가? 누가 가난한 부모 밑에서 태어나고 싶었는가? 누가 남자로 태어나고 싶었는가? 이러한 것들은 내가 선택해서 된 것이 아니다. 운명적으로 나에게 주어진 것들이다.

다만 내가 선택할 수 있는 것이 있다면 이 주어진 운명에서 어떻게 살 것인가이다. 남북이 서로 대치하고 있는 분단의 나라에서 어떻게 살아갈 것인가, 가난한 부모에게서 태어나 어떻게 살아갈 것인가, 남자로 태어나서 어떻게 살 것인가 하는 것이 나의 선택사항일 뿐이다.

리크루팅은 선택사항이 아니다

세일즈 일을 하면서도 우리가 선택할 수 있는 일이 있고, 선택할 수 없는 일이 있다. 선택할 수 없는 일, 즉 운명적으로 해야 하는 일이 바로 리크루팅이다. 세일즈는 원래 한 손으로 영업하고, 다른 한 손으로 리크루팅을 해야 하는 운명을 가지고 태어났다.

그러기에 리크루팅은 내가 하고 싶어서 하고, 하기 싫다고 안 해도 되는 그런 선택사항이 아니다. 리크루팅은 내가 살기 위해서 해야 하는 생존의 문제이다. 리크루팅은 살기 위해서 해야 하는 운명적인 일이다. 리크루팅을 하는 사람은 살아남는 것이고, 리크루팅을 하지 않는 사람은 중간에 도태될 수밖에 없다.

지난 과거를 돌이켜보라. 구조조정이 한창일 때 어떤 사람이 살아남았는가? 리크루팅을 한 사람은 살아남았고, 리크루팅을 하지 못한 사람은 도태되고 말았다.

지금의 시장여건은 더 이상 우리를 기다려주지 않는다. 아니, 회사는 더 이상 우리가 리크루팅할 때까지 기다려주지 못한다. 왜냐하면 지금의 시장환경은 회사든, 개인이든 리크루팅을 하면 살아남지만, 리크루팅을 하지 못하면 중간에 도태될 수밖에 없기 때문이다.

어떻게 할 것인지 선택하라

리크루팅이 싫든 좋든 해야만 하는 타고난 운명이라면 내가 선택할 수 있는 일은 딱 한 가지밖에 없다. 어떤 조직을 만들지 결정하는 것이다.

지금 있는 조직으로 그럭저럭 영업하다 중간에 도태되고 말 것인가, 아니면 죽기 살기로 리크루팅에 매달려서 살아남을 것인가를 선택해야 한다. 즉 몇 명 되지도 않은 작은 조직으로 비실비실 영업하다 중간에 도태될 것인가, 아니면 조직 도입에 혼신의 힘을 다해 큰 조직으로 만들어 신나고 재미있는 영업을 할 것인가 하는 것이 바로 선택사항이다.

세일즈 일을 하느냐, 안 하느냐는 선택할 수 있어도, 리크루팅을 하느냐, 하지 않느냐는 선택사항이 아니다. 세일즈를 선택했다면 리크루팅은 더 이상 선택사항이 아니라는 말이다.

리크루팅이 하기 싫은가? 그러면 세일즈 직을 떠나라. 세일즈 직을 벗어나면 리크루팅은 하지 않아도 될 것이다. 세일즈 직은 선택했는가? 그러면 리크루팅을 죽기 살기로 하라. 세일즈에서 리크루팅은 운명적으로 해야 하는 일이기 때문이다.

Key Point 리크루팅은 선택사항이 아니라 생존의 문제

"이봐, 해봤어?"

회장님, 안 됩니다

우리나라 경제발전의 주역 중 대표적인 사람을 꼽으라고 한다면 누구나 고 정주영 현대그룹 회장을 꼽는다. 최근 그의 경영일화를 다룬 책이 나왔는데 그 책 제목이 《이봐, 해봤어?》이다. 1970년대 초 거의 무에 가까웠던 자동차, 조선산업을 오늘날 세계에서도 알아주는 자동차, 조선 강국으로 만들어낸 사람이 바로 고 정주영 회장이다.

그가 황무지였던 자동차, 조선산업을 추진할 때의 일이란다. 실무진들이 "회장님, 안 됩니다. 우리나라에서는 무모한 일입니다"라고 반대할 때마다 그가 눈을 부릅뜨고 호통쳤던 말이 "이봐, 해봤어?"였다고 한다. 그가 항상 입버릇처럼 달고 살았다는 말이란다.

그런데 희한한 일이다. 오늘날 우리가 "리크루팅이 안 됩니다.

리크루팅이 어렵습니다"라고 말할 때마다 정주영 회장이 눈을 부릅뜨고 호통치는 소리가 들리지 않는가? "이봐, 해봤어?"라고 말이다. 제대로 한번 해봤느냐고…….

이런 말 하지 마라

많은 세일즈 매니저들로부터 듣는 말이 있다. 아니, 많은 세일즈 매니저들이 입버릇처럼 하는 말이 있다. "요새는 리크루팅이 안 돼요", "리크루팅요, 별의별 방법 다 써봤지만 뾰족한 방법이 없더라구요", "눈을 씻고 다 뒤져봐도 리크루팅할 사람이 없어요", "제가 산전수전 다 겪어봤거든요. 그런데 리크루팅만은 안 돼요", 이렇게 한숨만 푹푹 쉬면서 리크루팅이 어렵다고 한다.

다른 것은 다 하겠는데 리크루팅만은 못하겠다고 한다. 그럴 때마다 목까지 치밀어오르지만 꾹 참는 말이 있다. "이봐, 제대로 한번 해봤어?"

리크루팅이 안 된다고 말하는 사람치고 리크루팅을 행동으로 하는 사람은 아무도 없다. 리크루팅이 어렵다고 하는 사람치고 리크루팅을 미쳐서 하는 사람은 아무도 없다. 그저 생각만 하고 앉아 있고, 마음으로만 바라고 있을 뿐이다.

행동으로 보여줘라

리크루팅은 말로 하는 것이 아니다. 리크루팅은 머리로 하는 것도 아니고, 마음으로 하는 것도 아니다. 생각만 있고, 마음속으로만 바란다고 해서 리크루팅이 되는 것이 아니라는 말이다. 리크루팅은 행동으로 하는 것이다. 리크루팅은 발로 하는 것이고, 몸으로 하는 것이다. 행동이 없으면 리크루팅은 결과도 없다는 말이다.

'판사는 판결문으로 말하고, 세일즈맨은 업적으로 말한다' 고 한다. 판사는 말로 자기의 주장을 나타내는 것이 아니라 오직 판결문으로만 자기 의사를 나타내야 하고, 세일즈맨은 말로 떠드는 것이 아니라 결과로 자기 존재를 나타내야 한다는 것이다. 이 말은 '리크루팅은 결과로 말해야 한다' 는 말과 같다.

이제부터 '안 된다' 는 소리는 하지 말자. 제대로 한번 해보고 나서 그런 말을 하자. 죽기 살기로 덤벼보고 나서 그런 말을 하자.

Key Point 리크루팅에 가장 좋은 방법

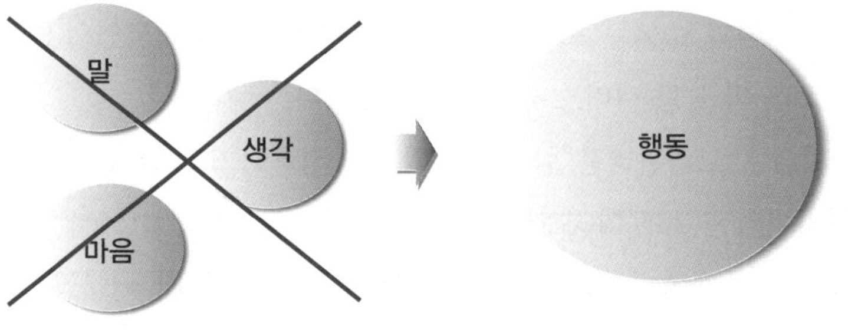

'80:20 법칙' 을 따르라

'80:20 법칙'이란

자주 듣는 용어 중에 '80:20 법칙' 이라는 말이 있다. 원래 이 말은 이탈리아 경제학자 파레토(Pareto)가 1906년 이탈리아 토지의 80%를 이탈리아 인구의 20%가 소유하고 있다는 사실을 알아낸 데서 유래한 것인데, 지금은 여러 분야에서 다양한 의미로 응용되고 있다.

예를 들면 회사 매출의 80%는 20%의 영업인력에서 나온다. 영업이익의 80%는 20%의 고객에게서 나온다. 고객불만의 80%는 20%의 불량 서비스에서 나온다 등이다.

지금은 고객관리를 할 때 이 법칙을 적용하기도 한다. 80%의 영업이익은 20%의 고객에게서 나온다는 것이다. 그래서 상위 20%의 고객에게 서비스를 집중함으로써 이익을 더 극대화하고 비생산적인 면에 쏟아붓는 에너지를 생산적인 부분으로 사용해야 한다고 주장하기도 한다.

리크루팅에도 '80:20 법칙'이 있다

80:20 법칙이 리크루팅에도 적용되고 있다. 리크루팅 결과의 80%는 20%의 사원에게서 나온다. 이 말은 20%의 사원만이 리크루팅에 참여하고, 나머지 80%는 리크루팅에 참여하지 않는다는 말이다. 세일즈 매니저들을 보더라도 그렇다. 세일즈 매니저의 80%는 리크루팅 실적이 부진하고, 20%의 세일즈 매니저만 리크루팅에 가시적인 성과를 나타내고 있다.

그러면 무엇 때문에 80%가 리크루팅을 못 하고 20%만이 리크루팅을 해내고 있는가? 그 원인은 바로 행동에 있다. 대부분의 사람들이 생각을 80% 하고 행동은 20% 하기 때문이다. 리크루팅에 대한 걱정만 80% 하고 있을 뿐이지, 정작 리크루팅을 행동으로 옮기는 경우는 20%에 불과하다는 것이다.

리크루팅을 하고 싶지 않은 사람은 아무도 없다. 그러나 80%의 사람들은 머릿속에만 리크루팅이 있을 뿐 행동에는 리크루팅이 없다. 80%의 사람들이 입으로는 리크루팅을 말하는데 정작 따라오는 행동은 없다.

그러나 이제 바꿔보자. 행동을 80% 하고 생각은 20%만 하는 것이다. 이제부터는 걱정하고 앉아만 있지 말고, 무조건 뛰쳐나가는 방식으로 리크루팅 방법을 바꿔보자.

'90:10 법칙'은 더 좋다

"리크루팅은 머리로 하는 것이 아니에요. 몸으로 해야지요." 대형 조직을 만든 한 매니저가 하는 말이다. "걱정만 하고 있으면 리크루팅이 됩니까? 그렇게 걱정할 정성이 있으면 차라리 뛰쳐 나가지."

그러면서 그가 강조하는 말은 이렇다. "리크루팅은 행동의 산물입니다. 전화하고 면담약속 잡고 찾아가서 만나고, 면접장으로 데려오는 행동의 결과가 바로 신인이라는 결과물로 나타납니다. 생각요, 그거 할 시간이 어디 있어요? 솔직히 생각은 10%만 있어도 돼요. 90%는 행동이 있어야지요."

Key Point 리크루팅의 '80:20 법칙'

80 : 20

행동 80%　　생각 20%

못 하는 것인가, 안 하는 것인가

오늘이 100번째군요!

억대 연봉을 받고 있는 세일즈맨이 명동의 한 고객을 공략한 활동사례이다. 명동에서 사람들로 발 디딜 틈도 없이 북적대는 한 가게에 들러 사장에게 명함을 건네주었더니, 사람도 많고 바빠서였는지 받은 명함을 대충 바지 주머니에 쑤셔넣고는 다시 장사를 하더란다. 매번 갈 때마다 명함을 전달하면 "예, 또 오세요"라는 말만 할 뿐 아무 대꾸도 없었다. 그는 은근히 오기가 생기더란다.

그래서 어느 날은 갈 때도 한 장, 올 때도 한 장, 이렇게 하루에 두 장의 명함을 전달할 때도 있었다. 갈 때까지 가보자는 생각에서였다고 한다.

그렇게 하기를 1년 6개월 정도 되던 어느 날, 그 사장이 처음으로 미소를 보이면서 이렇게 말하더라는 것이다. "안녕하세요? 많이 기다리셨죠? 오늘 주신 명함이 제가 받은 100번째 명함이군요. 제 컨설팅을 잘 해주세요."

그러면서 그 동안 자기가 받았던 명함을 다 꺼내놓는데, 놀랍게도 그 명함 한장 한장에는 작은 글씨로 번호가 적혀 있더라는 것이다. 금방 전달한 명함에는 100이라는 숫자가 적혀 있었다고 한다.

대부분의 사람들은 한두 번 찾아오고 포기하는데 날마다 주기적으로 찾아오는 모습을 보면서 남다른 사람이라는 이미지를 갖게 되었다는 것이다. 그래서 100번째 명함을 받는 날 의미 있는 계약을 하게 되었다고 한다.

독종만이 살아남는다

세일즈에서 성공하는 사람들은 자기와의 싸움에서 타협하지 않는다. 특히 포기하려는 자기와의 싸움에서는 아주 냉정하게 대처한다. 자기 자신에게 독하게 채찍질을 하는 것이다. 그러기에 그들은 성공한다.

리크루팅에서 성공하려면 자기와의 싸움에서 냉정해야 한다. 한두 번 만남으로 리크루팅을 하겠다는 생각에 가혹한 채찍질을 해야 한다. 한두 번 만남으로 포기하려는 자신에게 독하게 대처해야 한다.

"리크루팅을 하려면 독종이 되어야 해요. 리크루팅은 독종만이 할 수 있어요." 대형 조직을 이끌고 있는 세일즈 매니저가 하는 말이다. 쉽게 포기하는 사람은 리크루팅을 하지 못한다. 한두 번 만남으로 포기하는 사람은 영원히 리크루팅을 하지 못한다. 때로는 오기도 필요하다. 네가 죽느냐, 내가 죽느냐 하는 강한 승부 근성이 필요하다.

리크루팅에 성공하는 사람들은 대부분 독종이다. 사원들을 못 살게 구는 독종이 아니라 자기 자신을 못 살게 구는 독종이라는 말이다. 쉽게 포기하려는 자신에게 모진 채찍질을 하는 독한 마음을 가진 사람들이다.

리크루팅을 쉬운 방법으로 하려고 하는 사람은 성공하지 못한다. 밟아도 밟아도 다시 살아나는 민들레처럼 거절당해도 거절당해도 끝까지 물고 늘어지는 독종만이 살아남을 수 있다.

못하는 것인가, 안 하는 것인가

리크루팅이 안 된다고 말하는 세일즈 매니저들이 많다. 그들에게 꼭 묻고 싶은 말이 있다. "당신은 리크루팅을 못 하는 것인가, 아니면 안 하는 것인가?" 정답은 안 하는 것이다. 못 하는 것이 아니라 안 하는 것이라는 말이다.

앞에서 설명했던 세일즈맨은 한 명의 고객을 만들기 위해 100번을 찾아갔다. 그라고 중간에 포기하고 싶은 마음이 없었겠는가? 포기하려는 자신과 싸워서 이겼기 때문에 마지막에 웃을 수 있었던 것이다.

그가 지금 당신에게 이렇게 외치고 있는지도 모른다. "한 명의 신인을 도입하기 위해 100번 찾아가 본 적이 있는가?" 당신은 이 것을 안 하는 것이다. 100번이라도 찾아가 끝까지 물고 늘어지는 행동을 안 하는 것이다.

Key Point 리크루팅을 잘 하는 비법

실패하는 사람	성공하는 사람
한두 번 시도한 후 포기해버린다	될 때까지, 끝까지 물고 늘어진다

초보자는 쉬운 방법만 찾는다

등산과 리크루팅

"등산과 리크루팅은 닮은 점이 많습니다. 등산과 리크루팅이 닮은 점 10가지를 적어주세요."

한 지점의 게시판에 있는 내용이다. 이 지점에서는 리크루팅에 대한 마인드를 조성하기 위해서 등산과 리크루팅의 공통점 찾기 이벤트를 실시하고 있었다.

사원들로부터 다양한 의견들이 나왔다. 산에 올라가는 길은 꼭 하나만 있는 것이 아니다. 이쪽에서도 올라갈 수 있고, 저쪽에서도 올라갈 수 있고, 사방팔방에서 올라 갈 수 있다. 리크루팅도 마찬가지이다. 꼭 한 가지 방법만 있는 것이 아니다. 이런 방법도 있고 저런 방법도 있고 그 방법은 다양하다.

등산과 리크루팅의 닮은 점 베스트 10

1. 처음부터 겁먹는 사람이 많다.
2. 해보지도 않고 힘들다고 한다.
3. 올라가는 길이 여러 갈래다.
4. 처음에는 누구나 힘들어한다.
5. 중간에 포기하는 사람이 많다.
6. 포기하지만 않으면 누구나 정상에 오른다.
7. 정상에 오르면 모두들 '야호' 하고 외친다.
8. 정상에 올랐을 때 성취감이 짜릿하다.
9. 해본 사람만이 그 기분을 안다.
10. 힘들 줄 알면서도 또 도전한다.

이밖에 리크루팅이 등산과 닮은 점은 산에 오르는 사람의 특성과 비슷하다는 것이다. 산을 처음 오르는 초보자들과 리크루팅을 처음 하는 초보자들이 비슷하다. 산을 처음 오르는 초보자는 쉬운 코스만 찾고, 리크루팅을 처음 하는 사람은 쉬운 방법만 찾는다.

또한 등산을 좋아하는 등산 마니아와 리크루팅을 잘 하는 프로 세일즈 매니저는 그 특성이 비슷하다. 등산 마니아들은 쉬운 코스보다는 험한 코스를 즐기고, 리크루팅을 잘 하는 사람들은 쉬운 방법보다는 힘든 방법을 더 선호하는 경향이 있다.

초보자는 쉬운 코스만 찾는다

산에 처음 오르는 초보자는 누구나 쉬운 길만 찾는다. 되도록이면 짧고 경사가 완만하며 평탄한 길로 가기를 원한다. 또 그들이 산을 오르는 모습을 보면 처음에는 빠른 걸음으로 산을 오른다. 정상에 오르고자 하는 마음이 급하기 때문이다. 그러나 얼마 올라가지 못하고 숨을 헐떡이면서 '힘들다, 못 올라가겠다'는 등 엄살이 심하다.

어찌 보면 리크루팅 초보자와 모습이 똑같다. 리크루팅을 못하는 사람들도 대부분 쉬운 방법만 찾는다. 리크루팅을 힘들이지 않고 쉽게 할 수 있는 방법만 찾는다. 그러면서도 한두 번 난관에 부딪치면 리크루팅이 힘들고 어렵다고 한다.

쉬운 방법만 찾고 있는가? 당신은 아직 초보자이다. 빨리 할 수 있는 방법만 찾고 있는가? 당신은 아직 멀었다는 말이다.

프로는 힘든 길을 더 좋아한다

등산 마니아들은 쉬운 길을 찾지 않는다. 짧고 평탄한 길로 가기보다는 길고 험한 길을 더 좋아한다. 정상에 올랐을 때의 기분이 다르기 때문이다. 그들은 처음부터 속도를 내지 않는다. 서두르지도 않고, 무리하지도 않으면서 터벅터벅 자기 페이스대로 산을 오른다.

프로 세일즈 매니저들을 보면 쉬운 방법을 찾지 않는다. 리크루팅을 빨리 하겠다고 덤비지도 않는다. 순서에 따라 하나하나 시간을 두고 접근하는 것이다.

멀리 보고 리크루팅에 임하는가? 당신은 이미 프로다. 마음의 여유를 가지고 리크루팅에 임하고 있는가? 당신의 이미 프로의 경지에 오른 사람이다.

Key Point 당신이 찾고 있는 리크루팅 방법은?

쉽고 편한 방법	어렵고 힘든 방법
아마추어 매니저	프로 매니저

미쳐야 산다

어느 날 내가 미쳐 있더라

"혹시 그런 경험 해보신 적 있나요? 어느 날 갑자기 '내가 미쳐 있구나' 하는 생각을 가지게 되었던 경험 말이에요. 제가 그런 경험을 한 적이 있었다는 것 아닙니까." 한 세일즈 매니저가 말하는 경험담이다.

어느 날 퇴근길이었다고 한다. 버스 정류장에서 버스를 기다리다가 앞에 줄서 있는 사람들 중에 젊은 여성들이 몇 명 있었다. 그런데 자기도 모르게 그 젊은 여성들에게 다가가서 자신의 명함을 나누어주고 있더란다.

자기가 의식해서 한 일이 아니었다고 한다. 30대 젊은 여성을 보자 자기도 모르게 하게 된 행동이었다는 것이다. 명함을 나누어주고 나서야 자신도 깜짝 놀랐다고 한다. '아하, 이게 미치는 것인가 보다' 하는 생각이 들더란다.

비슷한 경험이 또 있었다고 한다. 언젠가 리크루팅 대상자를 만난 후 지하철을 타고 사무실로 가고 있을 때였다. 지하철 안에서 이 생각 저 생각을 하다가 조금 전에 만났던 리크루팅 대상자에게로 생각이 옮겨갔다. '그 사람을 어떻게 설득하지? 남편이 문제야. 그럼 남편을 어떻게 만나야 할까?' 등을 생각하다가 지하철이 정차하길래 깜짝 놀라서 후다닥 뛰어내렸다고 한다.

그런데 자신이 내려야 할 목적지가 벌써 몇 정거장 지난 다음이었다는 것이다. 정신이 멍하고, 마치 타임머신을 타고 온 기분이었다고 한다. 무엇인가 한 가지 일에만 정신을 집중하고 골몰할 때 일어나는 현상이다.

맨정신으로는 리크루팅을 못 한다

"성공하고 싶으세요? 그러면 그 분야에서 미쳐야 합니다. 리크루팅을 하길 원하세요? 그러면 모든 생각과 행동의 초점을 리크루팅에 맞추어야 합니다."

대부분의 사람들이 월초에는 리크루팅에 야단법석을 떨다가 월말에는 리크루팅에 아무 관심도 없고 마감에만 매달린다. 이런 사람들에게 월말에 리크루팅 얘기를 꺼냈다가는 뺨 맞기 십상이다. 마감하기도 바쁜데 무슨 정신없는 소리를 하느냐는 것이다.

그런 사람들이 정말 리크루팅에 미친 사람들일까? 천만에, 그들은 아직까지 리크루팅에 미친 사람들이 아니다. 리크루팅에 미친 사람이라면 월초가 따로 있고 월말이 따로 있는 것이 아니다.

아침이 따로 있고 저녁이 따로 있는 것이 아니다. 밥 먹을 때 따로 있고 활동할 때 따로 있는 것이 아니다. 모든 생각과 행동이 리크루팅 하나에 모아져 있다.

리크루팅에 미쳐라

초등학교 때 태양열로 종이에 불을 붙이는 실험을 한 기억이 있을 것이다. 햇볕을 돋보기로 받아 종이 한 곳에 초점을 맞추면 종이에 불이 붙었던 실험 말이다. 리크루팅에 미친 사람들을 보면 모든 생각과 행동이 하나에만 초점이 맞추어져 있다. 입만 열면 리크루팅 대상자를 소개해달라는 말이다. 사람만 만나면 리크루팅 대상자를 소개해달라고 붙잡고 늘어진다.

리크루팅을 잘 하기를 원하는가? 그러면 맨정신이기를 포기하라. 남들로부터 미친 사람이라는 말을 들어야 리크루팅을 잘 할 수 있다.

Key Point 리크루팅에 미친 사람들의 행동 특징

게릴라 정신으로 무장하라

고릴라 vs 게릴라

요즘 직장인들 중에 많이 회자(膾炙)되고 있는 말이 있다. "지금은 고릴라 정신으로 살면 죽고, 게릴라 정신으로 살아야만 살아남는다"는 말이다. 지금과 같은 살벌한 구조조정의 상황에서는 고릴라 정신으로 살면 죽고, 게릴라 정신으로 살아야만 살 수 있다는 말이다.

왜 고릴라 정신으로 살면 죽고 게릴라 정신으로 살아야만 살아남는다는 것일까? 거기에는 몇 가지 이유가 있다.

먼저 고릴라는 아는 길로만 다닌다. 절대로 모르는 길은 가지 않는다. 왜 그럴까? 모르는 길로 가다가는 맹수에게 잡혀 먹힐지도 모르니까. 그래서 가장 안전한 길로 다니기 위해서 어제도 다니던 길로만 갔고, 오늘도 다니던 길로만 다닌다.

그러나 게릴라는 절대로 아는 길로 다니지 않는다. 이미 나 있는 길로 가다가는 숲속에 숨어 있는 적군으로부터 언제 어떻게 공격을 당할지 모르기 때문이다. 그래서 게릴라는 없는 길도 만들어서 간다.

둘째로 고릴라는 준비와 연습이 없다. 배 부르면 누워서 자고 배고프면 일어나 어슬렁어슬렁 나무 열매만 따먹는다. 그러나 게릴라는 평상시 지옥훈련과 같은 치열한 훈련을 통해서 자기 체력을 만든다. 평상시 어떻게 내 체력을 만드느냐에 따라 유사시에 사느냐 죽느냐가 달려 있기 때문이다.

셋째, 고릴라는 나무 한 그루밖에 볼 줄 모른다. 나무에 열매가 있으면 오로지 그 열매만 따먹기 위해 나무에 접근한다. 그러나 게릴라는 절대로 나무만 보지 않는다. 먼저 숲 전체를 보고 나서 나무에 접근하는 방법을 찾는다.

마지막으로 고릴라는 아무 생각 없이 산다. 그저 주어진 대로 살아갈 뿐이다. 그러나 게릴라는 철저하게 일상성을 거부한다. 남들이 다 아는 방법, 남들이 다 예상할 수 있는 방법으로 접근하다가는 언제 죽을지 모르기 때문이다. 그렇기 때문에 게릴라는 철저하게 남들이 예측하지 못하는 방법으로 공격한다.

한마디로 요약하면 고릴라는 아무 생각 없이 살고, 게릴라는 치열하게 살아간다는 것이다. 그래서 지금은 고릴라처럼 아무 생각 없이 살다가는 죽고, 게릴라처럼 치열하게 살아야만 살아남을 수 있다는 것이다.

고릴라 정신으로는 아무것도 할 수 없다

아직도 리크루팅을 고릴라 정신으로 풀어가는 사람이 있다. 아무 생각 없이 옛날에 하던 방법 그대로 따라하는 것이다. 다람쥐 쳇바퀴 돌 듯이 월초가 되면 시책을 붙이고, 입으로만 리크루팅을 외치고, 앉아서 누가 오기만 기다리는 방법이 바로 고릴라 정신으로 리크루팅을 하는 사람들이다.

고릴라는 아는 길로만 다닌다고 했다. 절대 모르는 길로는 가려고 하지 않는다고 했다. 고릴라 정신으로 리크루팅을 하는 사람은 절대로 다른 방법을 찾으려고 하지 않는다. 지난달도 똑같은 방법, 이번달도 똑같은 방법밖에 모른다.

고릴라는 또 나무밖에 볼 줄 모르고 숲을 볼 줄 모른다고 했다. 고릴라 정신으로 리크루팅에 임하는 사람은 3개월 후를 생각하지 못한다. 아니, 6개월, 1년 후를 생각하지 못한다. 그저 지금 당장 눈앞에 벌어지고 있는 이번달 영업밖에 모른다. 그래서 한달 한달 살아가기에도 바쁜 것이다.

게릴라 전략으로 풀어가라

이제부터 리크루팅은 게릴라 정신으로 풀어가자. 지금까지 했던 방법은 머릿속에서 말끔히 지워버리자. 게릴라는 절대로 아는 길로 가지 않는다고 했다. 이미 나 있는 길로는 가지 않는다고 했다. 지금부터 선배들이 해왔던 방법으로는 하지 말자. 대신 이제부터는 나만의 생각으로, 나만의 아이디어로 행동하는 것이다.

리크루팅에는 정답이 없다. 이 방법으로 하면 리크루팅이 잘 되고, 저 방법으로 하면 리크루팅이 쉽다는 정답이란 게 없다. 당신이 생각하는 것이 바로 정답이요, 당신이 행동하는 것이 바로 정답이다.

게릴라는 철저하게 일상성을 거부한다고 했다. 남들이 하지 않는 방법, 남들이 생각하지 못하는 방법으로 접근하는 것이다. 리크루팅은 게릴라 정신으로 임하는 사람이 잘 한다.

Key Point 리크루팅을 풀어가는 두 가지 전략

고릴라 전략	게릴라 전략
예전 방법 답습	새로운 아이디어 개발

지금까지의 방법은 모두 버려라

아이디어가 없으면 죽어라

한 지점에 들어섰더니 현관에 살벌한 슬로건이 걸려 있었다. 현관 곳곳에 해골 모형과 함께 빨간 현수막에 '리크루팅 없으면 죽어라' 라는 무시무시한 문구가 걸려 있었다. 또한 '세일즈 매니저의 삶가 명복을 빕니다' 라는 카피를 담은 포스터가 곳곳에 걸려 있었다.

이것들을 보는 순간 온몸에 소름이 오싹 돋는 기분이었다. 리크루팅에 사활을 걸고 있는 모습이었다. 리크루팅을 하지 못하면 죽는다는 절박한 심정을 읽을 수 있었다.

"사실 이것은 우리가 원조가 아닙니다. 언젠가 한 광고회사에서 이런 캠페인을 했는데 거기서 잠깐 빌려온 것입니다." 이 지점의 매니저가 하는 말이다.

한 광고회사에서 있었던 일이다. 광고회사의 생명은 아이디어에 있다. 이 회사에서는 기발한 아이디어, 참신한 아이디어가 없으면 살아남지 못한다는 위기감에서 톡톡 튀는 아이디어 찾기 프로젝트를 수행하고 있었다.

그래서 건물에 들어서면 가장 잘 보이는 곳에 '아이디어 없으면 죽어라' 라는 슬로건이 적힌 빨간 현수막과 함께 해골 조형물을 진열하였다. 또한 '크리에이티브의 삼가 명복을 빕니다' 라는 카피를 담은 포스터를 건물 곳곳에 붙여두고, 전사적으로 듣지도 보지도 못한 기발한 아이디어 찾기 캠페인을 전개하고 있었던 것이다.

한 사원이 제안한 아이디어는 이랬다. 마요네즈를 어떻게 광고할까 고민하다가 술집에서 아이디어를 찾았다고 한다. '쥐치포 같은 안주를 찍어 먹는 소스로 활용하자!' 당시 샐러드용 외에는 마땅한 사용처를 찾지 못해 마요네즈의 매출이 줄고 있던 시점이었다고 한다. 그때부터였을까? 요즘은 술집에 가면 마른 안주에 대부분 마요네즈가 따라 나오지 않는가?

지금까지의 방법은 모두 버려라

아이디어의 중요성이 그 어느 때보다 부각되고 있는 시점이다. 시대가 변하고 시장환경이 변함에 따라 옛날의 고전적인 방법은 이제 통하지 않는다. 리크루팅도 마찬가지이다. 지금은 리크루팅 방법이 바뀌었고, 리크루팅 대상자가 바뀌었다. 따라서 옛날에 하던 리크루팅 방법으로는 통하지 않는다.

"옛날 방법으로 하면 리크루팅 못 해요. 옛날 방법은 다 버려야 해요. 그리고 새로운 아이디어를 찾지 않으면 안 돼요." 한 세일즈 매니저가 하는 말이다. 기존에 해왔던 리크루팅 방법은 머릿속에서 말끔히 지워버려라. 지금까지 해왔던 방법은 하나도 도움이 안 된다.

고민하는 자에게만 보인다

"고민하지 않으면 새로운 방법이 안 보여요. 머리를 쥐어뜯어야 해요." 한 세일즈 매니저의 말이다. 그가 리크루팅을 잘 하는 것은 고민하고 또 고민한 결과라는 것이다. 한 사람을 놓고 사흘이고 나흘이고 고민한다고 한다. 그랬더니 그 사람에게 접근하는 방법이 보이더라는 것이다. "선배들이 하던 방법을 그대로 따라하지 마세요. 참고만 하세요. 대신 나만의 방법을 찾아야 해요. 고민하는 사람에게만 그 방법이 보입니다."

Key Point 리크루팅 혁신 아이디어 찾기

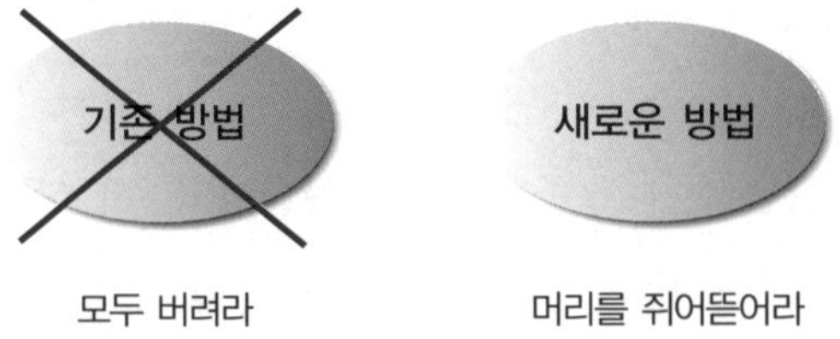

내 자신도 하나의 상품이다

우리에게는 두 고객이 있다

우리에게는 두 부류의 고객이 있다. 하나는 외부의 고객이고, 다른 하나는 내부의 고객이다. 외부 고객이란 우리 상품을 구입해서 이용하는 사람을 말하고, 내부 고객이란 매일 우리와 생사고락을 같이 하는 사원을 말한다. 외부 고객을 감동시키면 상품이 잘 팔리고 더불어 소득이 올라가고, 내부 고객을 감동시키면 리크루팅이 잘 되고 영업이 신명난다.

또한 우리에게는 두 종류의 상품이 있다. 하나는 우리가 외부 고객에게 파는 상품이고, 다른 하나는 내부 고객에게 파는 상품이다. 즉 외부 고객에게는 보험, 또는 건강이라는 상품을 팔고, 내부 고객에게는 리크루팅이라는 상품을 파는 것이다.

따라서 리크루팅이라는 상품을 잘 팔기 위해서는 내부 고객을 감동시켜야 한다. 즉 사원들을 감동시켜야 리크루팅이 잘 된다.

내 자신도 하나의 상품이다

리크루팅을 잘 하기 위해서 잊지 말아야 할 사실이 하나 있다. 바로 내 자신도 하나의 상품이라는 것이다. 대부분의 사람들이 이 사실을 간과하고 있다. 즉 내부 고객인 사원들에게 자신을 포장해서 팔아야 한다는 생각을 잊고 있다는 말이다. 세일즈 매니저가 자신을 어떻게 포장해서 파느냐에 따라 영업을 잘 하느냐, 못 하느냐, 리크루팅을 잘 하느냐, 못 하느냐가 달려 있다.

상품을 잘 팔기 위해서는 고객을 감동시켜야 한다. 마찬가지로 리크루팅을 잘 하기 위해서는 내부 고객, 즉 사원을 감동시켜야 한다. 문제는 어떻게 내 자신을 포장해서 사원들에게 파느냐 하는 것이다.

자신을 긍정적으로 포장해서 팔아라. 세일즈 매니저가 리크루팅에 긍정적이고 적극적이면 사원들도 리크루팅에 적극적으로 덤비게 되지만, 세일즈 매니저가 리크루팅에 부정적이고 소극적이면 사원들도 소극적으로 임하게 된다.

리크루팅을 잘 하느냐, 못 하느냐는 전적으로 리더에게 달려 있다. 내 자신을 어떻게 포장해서 사원들에게 파느냐에 따라 리크루팅이 잘 되느냐 안 되느냐가 결정난다. 내 자신을 긍정적으로 포장해서 사원들에게 팔면 리크루팅이 잘 되고, 내 자신을 부정적으로 포장해서 팔면 리크루팅이 안 된다.

자신을 적극적으로 포장하라

옛말에 '용장 밑에 약졸 없다'라고 했다. 장수가 용감하면 병사들도 용감해진다는 말이다. 반대로 장수가 나약하면 병사들도 오합지졸이 된다는 말이다. 이 말을 우리에게 대비시켜 보면 적극적인 세일즈 매니저 밑에는 소극적인 사원이 없다는 것이다. 리크루팅에 적극적으로 임하라. 죽기 살기로 덤벼라. 그래야만 사원들도 적극적으로, 죽기 살기로 덤비게 된다.

내 자신도 하나의 상품이라고 생각하고 내부 고객인 사원들에게 내 자신을 어떻게 포장해서 파느냐에 따라 그 결과가 달라진다는 사실을 잊지 마라.

Key Point 리크루팅, 누구에게 팔 것인가

외부 고객   내부 고객

2장

리크루팅 접근방법

무엇이 문제인가

세 가지 문제점이 있다

리크루팅을 못 하는 조직에 가보면 세 가지 문제점을 안고 있음을 보게 된다.

첫 번째 문제점은 매니저에 대한 문제이다. 매니저가 가만히 앉아서 기다린다. 매니저가 리크루팅을 위해서 밖으로 뛰쳐나가는 행동을 하지 않는다. 자기는 가만히 앉아 있으면서 사원들에게는 '리크루팅해라, 리크루팅해라' 하며 말로만 떠들고 있는 것이다. 소위 말하면 감나무 밑에서 입만 벌리고 서서 감이 홍시가 되어 떨어질 때까지 기다리는 유형이다. 그러니까 리크루팅을 못 한다.

두 번째 문제점은 중간 역할자의 문제이다. 리크루팅을 못 하는 조직에는 중간 역할자가 없다. 직분상으로 팀장이라고 하는 사람이 있기는 있다. 그러나 이 팀장이라는 사람이 제 역할을 못

한다. 팀장이나 사원이나 하는 행동이 똑같다. 리크루팅에 임하는 태도가 팀장이나 사원이나 거의 구분이 되지 않는다. 그러니까 리크루팅이 안 된다.

마지막으로 사원에게 문제가 있다. 사원들이 자기밖에 모른다. 조직에 대한 생각은 하나도 없다. 그저 자기 소득에만 관심이 있을 뿐, 조직이 어떻게 되든 말든 관심도 없다. 이런 사람들은 조직이 커져야 자신도 커질 수 있다는 사실조차 모른다. 그러니까 리크루팅이 안 된다.

세 사람이 변해야 한다

리크루팅을 잘 하려면 이 세 가지 문제점을 해결해야 한다. 즉 세 사람이 변해야 한다는 말이다.

먼저 매니저부터 변해야 한다. 리크루팅에 임하는 자세가 지금과 같아서는 안 된다. 가만히 앉아서 기다리는 행동 패턴이어서는 안 된다는 말이다. 리크루팅을 위해서는 행동하는 매니저로 변해야 한다. 대상자를 사원들과 같이 찾고, 대상자를 만나러 사원들과 함께 밖으로 뛰쳐나가는 행동 패턴으로 변해야 한다. 그래야 사원들도 리더를 따라 행동으로 움직이게 된다.

둘째로 중간 역할자를 강하게 키워야 한다. 중간 역할자가 하는 행동이 사원들과 똑같아서는 안 된다. 중간 역할자가 강해져야 조직이 강해진다. 중간 역할자가 제 역할을 잘 해야 사원들도 유기적으로 돌아가게 된다. 리크루팅이 잘 되려면 중간 역할자를 강하게 키워야 한다.

마지막으로 사원들이 변해야 한다. 사원들이 자기만 아는 모래알 같은 조직이어서는 안 된다. 죽어도 조직과 같이 죽고, 살아도 조직과 같이 산다는 마음 자세를 갖도록 훈련시키고 또 훈련시켜야 한다. 사실 조직이 없으면 사원들도 설 자리가 없다.

리크루팅은 시스템이다

리크루팅은 세 사람이 유기적으로 움직여야 한다. 즉 매니저, 중간 역할자, 사원, 이 세 사람이 서로 조직적으로 움직여야 리크루팅을 잘 풀어갈 수 있다. 이 가운데 어느 한 사람이라도 삐끗하고 궤도를 벗어난다면 그 조직은 리크루팅이 안 된다. 리크루팅은 이 세 사람이 시스템적으로 움직여야 쉽게 풀어갈 수 있다.

Key Point 리크루팅이 안 되는 이유

매니저	앉아서 기다린다
중간 역할자	중간 역할을 못 한다
사원	자기밖에 모른다

시책에 의존하지 마라

시책은 근본 해결책이 아니다

우리 몸에 이상이 생겼을 때 그것을 치료하는 방법은 두 가지가 있다. 하나는 양약으로 치료하는 방법이고, 다른 하나는 한약으로 치료하는 방법이다.

양약을 사용하면 금방 병이 호전되는 효과를 보게 된다. 증상에 따라 단시간에 효과를 볼 수 있게 만든 것이 양약이기 때문이다. 그러나 양약을 장기간 복용하면 면역력이 생겨서 점차 약의 투여량을 늘려야 한다는 단점이 있다. 그래서 의사들은 초기에는 양약으로 치료하다가도 증상이 어느 정도 호전되면 약의 투여량을 점차 줄여간다고 한다. 약에 대한 부작용을 줄이기 위해서이다.

리크루팅에 있어 양약과 같은 성질을 가지고 있는 것이 바로 시책이다. 시책은 초기에는 빠른 효과를 나타내지만 이 방법을 장기간 자주 사용하면 사원들에게 면역력이 생긴다. 그래서 시책이 점차 커져야 한다는 문제점이 있다.

"시책으로 리크루팅에 접근하는 것은 근본적인 해결방법이 될 수 없어요." 한 세일즈 매니저가 하는 말이다. 시책은 일시적인 방법일 뿐 근본적인 해결방법이 아니라는 것이다. 그럼에도 불구하고 많은 매니저들이 리크루팅을 시책으로만 풀어가려고 한다.

리크루팅은 한방요법으로 풀어라

"지금의 리크루팅 방법은 한방요법으로 풀어가는 것이 정답입니다." 세일즈 매니저가 이어서 강조하는 말이다. 한방요법은 약물치료와 함께 운동요법도 병행하는 치료방법이다. 한약을 복용하면 효과가 금방 나타나는 것이 아니다.

한약은 신체의 기능을 강화하는 데 초점이 맞춰져 있기 때문에 신체의 기능이 살아나기까지는 일정 기간이 필요하다. 일단 신체의 기능이 살아나면 기초체력이 따라주기 때문에 병에 대한 치료 효과가 커지는 것이다.

그래서 한방 치료방법에서는 약물치료와 함께 운동요법 등과 같은 보조 치료방법을 병행하는 경우가 많다. 한방에서는 운동을 많이 하고, 잠을 제때 잘 자고, 기름진 음식을 되도록 피하고, 규칙적인 생활을 하라고 한다. 몸의 부족한 기운을 돋워주고 손상된 기운을 회복시켜주어야 근본적인 치료가 되기 때문이다.

"리크루팅도 약물치료와 운동요법을 같이 해야 해요." 리크루팅에 성공한 세일즈 매니저가 강조하는 말이다. 시책이 약물치료라고 한다면 분위기를 조성하고, 대상자를 찾고, 배양활동을 하는 것은 운동요법이라는 것이다.

시책은 '필요악'이다

리크루팅을 시책으로 풀어가려고 하지 마라. 시책은 보조적인 수단으로 활용해야 하는 것이지, 리크루팅을 풀어가는 주력 수단으로 사용하면 오히려 부작용만 부르게 된다.

리크루팅에 있어 시책은 '필요악' 이라고 할 수 있다. 없어서는 안 되지만 너무 지나치면 오히려 해가 된다는 말이다. 시책은 단기적으로 어느 정도 효과를 볼 수 있을지는 모르지만 장기적으로 볼 때 시책은 오히려 조직에 부작용만 줄 뿐이다. 리크루팅을 시책에만 매달리면 장기적으로 조직이 황폐화된다는 사실을 간과해서는 안 된다.

Key Point 리크루팅에 시책 활용 전략

단기 전략

시책 활용
소기의 목적 달성 가능

중 · 장기 전략

팀워크 강화
시책보다 조직력 중심

생각의 물구나무를 서라

그건 옛날 방법이야

매니저들이 가장 많이 겪는 시행착오 중 하나가 리크루팅을 돈으로 풀어가려는 생각이다. 월말만 되면 다음달 리크루팅을 위해서 어떤 시책을 전개해야 할까 고민한다. 이 방법은 10년 전에도 그랬고 지금도 그렇다. 강산이 변했어도 이 방법만은 변하지 않는 것 같다.

그러나 리크루팅을 잘 하기를 원한다면 이 생각부터 빨리 버려야 한다. 리크루팅을 돈으로 풀어가려는 생각부터 빨리 버리라는 말이다. 고정관념이기 때문이다. 이 고정관념에 사로잡혀 있는 한 다른 방법을 생각해내지 못한다. 그러면 리크루팅은 영원히 이루어지지 않는다.

왜 그런지 그 이유를 들어보라. 시책으로 영업하는 사람은 앉아서 영업하는 사람이다. 머리로만 영업하는 사람이다. 이마에 땀 흘리며 몸으로 뛰는 영업을 하기보다는 편안히 앉아서 기다리는 영업을 하는 사람이다. 한마디로 게으른 사람이다. 마치 낚시꾼이 낚싯바늘에 미끼 하나 끼워놓고 가만히 앉아서 고기가 물리기만 기다리는 것과 같다.

시책은 마약과도 같다. 마약은 투여하면 할수록 그 강도가 세져야 한다. 강도가 약한 것으로 투여하면 효과가 없다. 리크루팅을 시책으로 풀어가는 것도 마찬가지이다. 지난달에 이만한 시책을 전개했으면 이번달에는 지난달보다 작은 시책을 전개할 수가 없다. 오히려 그보다 커야지 작으면 효과가 없다.

"아직도 시책을 붙이십니까?" 한 매니저가 농담삼아 하는 말이다. 옛날 구석기 시대 방법인데 아직도 그 방법을 사용하고 있느냐는 말이다. 시책 붙이는 습관부터 빨리 버려라. 가장 빨리 버려야 할 것 중 하나이다.

시대가 변했다

리크루팅을 어떻게 풀어가야 할까? 지금은 시대도 변했고, 환경도 변했다. 따라서 리크루팅 방법도 변해야 한다. 리크루팅을 팀워크로 풀어가려고 노력하라.

여기 통계자료가 하나 있다. 사원들이 리크루팅에 참여하게 된 동기를 조사해보았다. 그랬더니 분위기 때문에 38.4%, 보람을 느껴서 28.8%, 매니저의 부탁 때문에 20.4%, 시책 때문에 7.6%, 기타 4.8% 순이었다. 100명 중 8명만이 시책 때문에 리크루팅에 참여하게 되었고, 나머지 90% 이상은 시책하고는 무관하다는 것이다.

팀워크로 풀어라

리크루팅은 시책으로 풀어가는 것이 아니다. 분위기로, 소득 증대로, 매니저의 적극적인 행동으로 풀어가야 한다. 다시 말하면 팀워크로 풀어가야 한다는 것이다.

그러기 위해서는 긍정적인 분위기를 만들어야 한다. 사원들의 소득을 올려줘야 한다. 사원들이 지금 하는 일에 긍지와 자부심을 갖게 해야 한다. 이러한 것들이 뭉쳐져서 바로 팀워크가 되는 것이다.

Key Point 리크루팅에 참여하게 된 동기

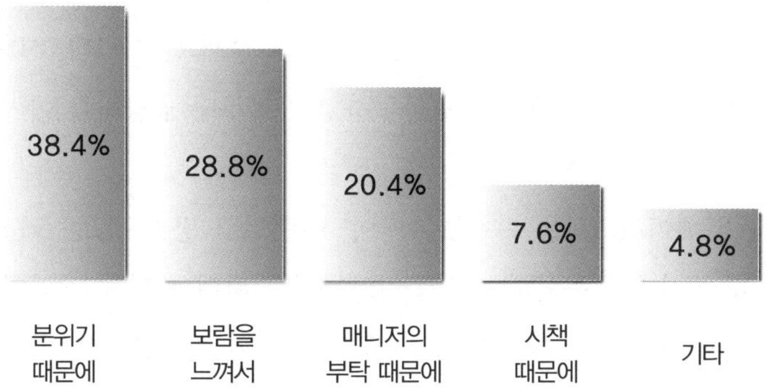

단발성 이벤트는 안 된다

리크루팅하는 날이 따로 있다고?

리크루팅을 단발성 이벤트로 풀어가는 경우가 많다. 가장 대표적인 것이 월초가 되면 '리크루팅하자, 리크루팅하자' 하며 야단법석을 떠는 경우이다. 이렇게 월초에 '리크루팅하자'고 떠들다가 보름만 지나면, 아니 10일만 지나도 리크루팅에 '리'자도 꺼내지 않는다. 그리고 그때부터는 '마감하자, 마감하자'라고 떠들어댄다. 옛날에도 이렇게 했고, 지금도 이렇게 하고 있다. 시대가 변했고, 환경이 변했음에도 불구하고 리크루팅에 임하는 이 방법만은 변하지 않는 것 같다.

기억해야 할 것은 이제는 이러한 이벤트성 방법으로는 리크루팅을 풀어가지 못한다. 아니, 리크루팅을 하려면 먼저 버려야 할 방법이 바로 이러한 단발성 이벤트이다. 이 방법은 옛날에도 통하지 않았고 지금도 통하지 않는다.

리크루팅하는 날 따로 있고, 영업하는 날 따로 있는 것이 아니다. 월초는 리크루팅하는 기간이고, 월 중반부터 월말까지는 영업하는 날이라고 정해져 있는 것도 아니다. 그런데 왜 월초에만 리크루팅하자고 야단법석을 떠는가? 리크루팅은 일상활동 중에서 일어나야 한다.

3분간만 숨을 멈춰보라

우리가 숨을 쉬는 것을 한번 생각해보자. 지금 이 순간에도 우리는 들숨, 날숨 하며 수없이 숨을 쉬고 있다. 우리가 숨을 쉬는 것은 '자~ 들이마셔야지' 하고 의식적으로 들이마시는 것도 아니고, '자~ 내뱉어야지' 하고 숨을 뱉는 것도 아니다. 그저 무의식적으로 하는 현상이다. 살기 위해서 생리적으로 하는 행동이다. 만약 3분간만 숨쉬기를 멈춘다면 그 사람은 더 이상 이 세상 사람이 아니다.

리크루팅도 마찬가지이다. 리크루팅은 숨쉬듯이 해야 한다. 살기 위해서 무의식적으로, 생리적으로 숨을 쉬듯이 리크루팅도 1년 365일, 한 달 30일 일상활동 중에서 해야 한다.

월초에는 '리크루팅하자' 외치다가 월 중반 이후에는 '마감하자' 고 외치는 것은 숨을 쉬다가 멈췄다가 하는 행동과 똑같다. 월초에는 숨을 쉬다가 월 중반 이후부터는 숨쉬기를 멈추는 것과 무엇이 다른가. 그러니까 뇌에 산소가 부족해서 뇌성마비가 오고 식물인간이 되는 것과 같다.

리크루팅은 숨쉬듯이 하라

리크루팅은 일상활동 중에서 풀어가라. 다시 강조하지만 리크루팅하는 날 따로 있고, 영업하는 날 따로 있는 것이 아니다. 리크루팅은 일상활동 중에서 일어나야 한다. 월초든, 월 중반이든, 월말이든 가리지 말고 평상시 고객을 찾듯이 해야 한다.

월말에 리크루팅 활동을 한다고 해서 마감을 못 하는 것이 아니다. 중요한 것은 평상시 유망고객을 배양하듯이 대상자를 찾아서 친분관계를 쌓고, 상담하고, 마감하는 일련의 활동 중에서 일어나야 한다는 것이다.

리크루팅을 단발성 이벤트로 풀어가던 방법에서 상시적으로 일상활동 중에서 풀어가는 방법으로 바뀌어야 한다.

Key Point 리크루팅을 잘 하려면

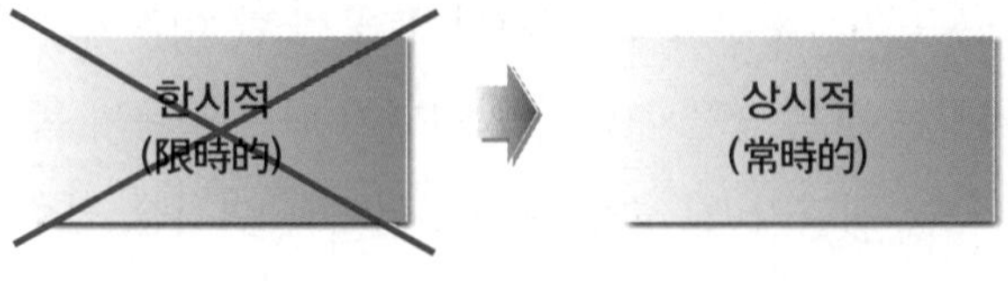

전략과 전술이 있는가

전략 vs 전술

"정말 안타까운 것은 대부분의 세일즈 매니저들이 리크루팅에 대한 전략도 없고 전술도 없다는 것입니다." 한 세일즈 매니저가 하는 말이다.

세일즈 매니저들이 리크루팅에 임하는 모습을 보면 지금 당장 몇 명을 리크루팅할 것인가에만 관심이 있을 뿐이지, 앞으로 3개월 후에, 6개월 후에 어떤 조직으로 만들겠다는 중장기적인 계획도 없고, 그 계획에 어떤 방법으로 접근하겠다는 행동방법론도 없다는 말이다.

마케팅에서 전략(戰略)과 전술(戰術)은 빠지지 않고 등장하는 단어이다. 마케팅에서 가장 기본적인 개념이라는 말이다.

그렇다면 두 단어 중 어느 것이 더 상위 개념일까? 물론 익히 알고 있다시피 전략이 상위 개념이다. 전략은 뭔가 큰 것, 조직이

나아가야 할 큰 그림을 말한다. 전술은 전략을 달성하기 위한 구체적인 행동방법, 즉 전략의 보조적인 수단을 말한다.

그러므로 전략이 전술에 비해 더 중요시 되고 먼저 수립되어야 한다는 것은 너무도 당연한 사실일 것이다. 그런데 대부분의 세일즈 매니저들은 전략에는 관심이 없다. 아니, 전략 자체에 대한 개념이 없다. 그러니까 리크루팅이 답답해지는 것이다.

리크루팅 전략이 있는가

우리 속담에 '봉사 문고리 잡기'라는 말이 있다. 이 말은 장님이 어찌어찌 하다가 요행히 문고리를 잡았다는 말이다. '소가 뒷걸음질 치다 쥐 잡기'라는 속담도 있다. 소가 뒷걸음질을 하다가 우연히 쥐를 잡았다는 말이다. 두 속담 모두 어떻게 하다 보니 운이 좋게 일을 이루게 되었다는 말이다.

당신도 혹시 이런 식으로 리크루팅을 하고 있는 것은 아닌가? 봉사 문고리 잡는 식으로, 소가 뒷걸음질 치다 쥐 잡는 식으로 리크루팅을 하고 있지 않느냐는 말이다. 이런 방식이라면 도대체 어디에 리크루팅 전략이 있고 전술이 있겠는가? 많은 세일즈 매니저들이 이렇게 전략도 전술도 없이 무작정 리크루팅을 하겠다고 덤비고 있다.

리크루팅을 쉽게 풀어가고자 한다면 먼저 리크루팅 전략부터 세워라. 리크루팅 전략은 중 · 장기적인 계획이다. 3개월 앞을 내다보고, 6개월 앞을 생각하고, 1년 후를 보면서 조직의 규모를 어떻게 만들어가겠다는 계획을 만드는 것이 리크루팅 전략을 세우는 일이다.

이달의 전술은 무엇인가

리크루팅 전술은 이 목표를 달성하기 위해서 매월 어떻게 리크루팅에 접근할 것인가 하는 구체적인 행동방법을 말한다.

막연하게 이번달에 몇 명 리크루팅하겠다는 것은 전술이 아니다. 전술이란 구체적인 행동방법이다. 리크루팅 대상자를 찾기 위해서 이렇게 행동하고, 그 대상자를 배양하기 위해서 이런 아이디어로 이런 과정을 거치면서 신인을 도입하겠다는 구체적인 행동방법이 바로 전술이다. 당신은 그런 전술이 있는가?

Key Point 리크루팅의 전략과 전술

전략	전술
중 · 장기적인 리크루팅 계획 (3개월, 6개월, 1년)	구체적인 리크루팅 방법 (월별 활동방법)

공감하는 이슈를 만들어라

지방자치제가 되면서 문화행사가 늘었다

지방자치제가 되면서 눈에 띄게 달라진 게 하나 있다. 중앙정부에서 지방 단체장을 임명할 때는 그런 것이 없었는데 지방자치제가 되면서 달라진 점 중 하나는 지역별 문화행사가 자주 열린다는 것이다.

그 예를 몇 가지 들어보자. 남원에서 매년 봄에 실시되고 있는 문화행사가 있다. 바로 '춘향제' 이다. 남원에서는 매년 봄에 춘향제가 성대하게 열린다. 경기도 광주, 이천에서 2년에 한 번씩 열리는 국제적인 문화행사가 있다. '도자기 비엔날레' 이다. 그러면 소싸움으로 유명한 곳은 어디일까? 그렇다, '청도' 이다.

이밖에도 무수히 많다. 부산에서는 국제영화제가 열리고, 빛고을 광주에서는 비엔날레가 열린다. 익산에서는 보석축제가 열리고, 함평에서는 나비축제 등 지역 특성에 따라 다양한 문화축제가 열리고 있다.

지방자치제가 되면서 각 자치단체장들은 고민하기 시작했다. 우리 지역에서 가장 특징적인 것이 무엇일까? 우리 지역을 대표할 수 있는 것이 무엇일까? 그래서 그 지역만의 특징을 찾아, 전통적으로 가장 유명한 것을 찾아, 지역에서 가장 특색 있는 특산물을 찾아 이것들을 하나의 문화상품으로 만든 것이다.

이 문화행사를 통해 지역 주민들은 하나로 뭉치게 되고, 다른 지역에 있는 사람들이 찾아와서 돈을 뿌리고 가는 것이다. 지역 주민을 하나로 결속시키고 경제적인 이득을 올리는 일석이조의 효과를 보는 것이 바로 지역별로 열리고 있는 문화행사이다.

우리 문화를 만들어라

우리 조직만의 문화행사를 만들어라. 우리 사원들이 리크루팅을 위해서 하나로 똘똘 뭉치고, 영업활동을 재미있게 추진할 수 있는 활동거리를 만들어라. 지방자치단체장이 어떻게 했는지 생각해보라. 그들이 했던 방법을 벤치마킹해보라.

지방자치단체장들은 그 지역에서 역사적으로 유명한 것, 그 지역에서 유명한 특산물 등을 찾아 그 지역만의 문화행사를 만들었다. 우리 조직만의 특징을 찾아서, 우리 조직만이 가지고 있는 색깔을 찾아서 전 사원이 공유할 수 있는 활동 이슈를 만드는 것이다. 이것이 우리만의 문화행사를 만드는 방법이다. 이것이 우리만의 색깔을 만들어가는 방법이다.

매월 리크루팅 이슈를 만들어라

이제부터는 '리크루팅하자, 리크루팅하자' 고 외치지 말자. 이렇게 입으로 리크루팅하자고 외쳤던 것은 바로 옛날 리크루팅을 못 했던 선배들이 했던 방식이다. 그들이 어떻게 되었는가? 다들 중간에 도태되고 없어져버렸다.

지금부터 우리는 이렇게 입으로 외치는 획일적인 방법에서, 감각적인 방법에서 벗어나보자. 대신 조직원들이 하나로 뭉칠 수 있는 이슈를 만들어보자. 그 방법은 매월 활동 이슈를 만드는 것이다. 월별 특징에 따라, 계절별 특징에 따라, 조직원의 특징에 따라 매월 활동 이슈를 만드는 것이다.

Key Point 리크루팅 추진력을 높이는 방법

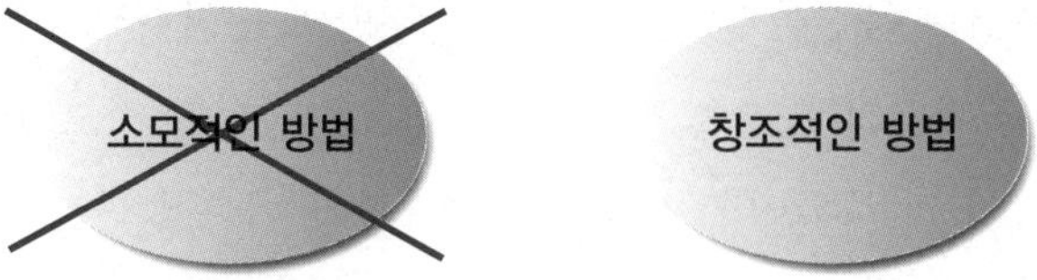

리크루팅을 입으로 외치기　　월별 리크루팅 이슈 만들기

월별 리크루팅 이슈 만들기

월	리크루팅 이슈	주요 의미
1월	처음 생각, 으뜸 생각	새해 첫 결심 최고가 되자, 으뜸 조직이 되자
2월	Two by Two(2×2)	조직을 두 배로 만들자 활동량을 두 배로 만들자
3월	3.1운동 만세	New-3, Plus-1 운동 신인 3명(New) 도입으로 조직증대(Plus) 이루자
4월	Hit & Run(치고 달리자)	야구에서 가장 공격적인 방법 4월 활동을 가장 공격적으로 하자
5월	Happy Together	리크루팅으로 해피, 소득증대로 해피! 모두가 함께 행복하자!
6월	등고불락(登高不落)	높이 오르되 떨어지지 마라 우리에게 후퇴란 있을 수 없다
7월	더위사냥	한 단계 더 위를 공략하자 조직을 한 단계 업그레이드시키자
8월	夏夏好好(하하호호)	날마다 웃음소리가 끊이지 않게 하자 여름을 축제가 되게 하자
9월	We하여!	조직증대를 위하여! 소득증대를 위하여!
10월	Go, Go, Go 전략	기본에서 스톱(Stop)하지 마라 우리에겐 고(Go)만 있을 뿐이다
11월	빼빼로 페스티벌	11월은 사랑으로 하나 되자 11월의 사랑 방정식(1+1=2)
12월	최고 기록 도전	최다 조직 만들자! 최고 소득 만들자!

자신에게 최면을 걸어라

마케팅도 '오감 시대'

사람의 오감인 촉각, 후각, 청각, 미각, 시각을 이용한 마케팅 기법이 뜨고 있다. 예들 들면 '기저귀가 뽀송뽀송해요' 라든가, '과자가 사각사각, 솔내음이 솔솔, 찌개가 보글보글' 등 보기만 해도 듣기만 해도 먹고 싶게 함으로써 매출을 늘리는 오감 마케팅이 뜨고 있는 것이다.

한 가전판매점의 에어컨 매장에서는 매미 소리를 들려주었다. 소위 말하는 청각 마케팅이다. 그랬더니 에어컨 매출이 2배 이상 늘었다고 한다. 한 할인점에서는 화이트 데이에 중년 남성의 감성을 자극하는 '아내에게 바치는 노래' 를 매장에 흘려보냈다고 한다. 그 결과 고객들로부터 호응을 얻었고 매출이 20%나 올랐다고 한다.

또한 시각을 이용한 마케팅으로 소비자들을 자극하는 곳도 있다. 한 할인매장의 식품 코너에서는 과일과 채소류를 색깔별로 진열, 판매하고 있고, 달걀 판매대에서는 실물과 비슷한 닭의 모형을 여러 군데 설치하여 닭 울음소리를 들려주고 있다. 모두 오감을 활용한 마케팅, 즉 눈, 코, 귀, 입을 통한 마케팅 방법이다.

오감으로 최면을 걸어라

리크루팅을 잘 하는 사람들은 대부분 자신에게 긍정적으로 최면을 걸고 있음을 보게 된다. 그들에게는 '안 된다, 못 한다'는 말이 없다. 언제나 그들의 생각과 행동이 긍정적인 것은 자기 자신에게 오감을 통해 긍정적인 최면을 걸고 있기 때문이다.

"저는 항상 긍정적인 것만 들으려고 노력해요. 되도록 부정적인 사람들과는 거리는 두죠." 한 세일즈 매니저가 하는 말이다. 근묵자흑(近墨者黑)이라 했다. 긍정적인 사람과 어울리면 자신도 긍정적인 사람이 되고, 부정적인 사람과 어울리면 자신도 부정적인 사람이 된다. 되도록이면 리크루팅에 성공한 사람들의 사례를 들어라.

"제 책상을 보세요. 사방이 메모 쪽지들로 가득하죠. 이것들을 보면서 전 목표를 잊지 않으려고 노력해요." 억대 연봉을 받고 있는 한 세일즈 매니저의 말이다. 시각 마케팅을 개인적으로 응용하고 있는 경우이다. 눈으로 보면서 자기 자신에게 최면을 걸고 있다는 말이다.

이목구비를 명확히 하라

우리의 얼굴을 들여다보자. 이목구비(耳目口鼻)가 있다. 즉 귀가 있고, 눈이 있고, 입이 있고, 코가 있다. 지금부터 리크루팅을 잘 하기를 원한다면, 아니 무슨 일이든 성공하기를 원한다면 이목구비를 통하여 자기 자신에게 긍정적으로 최면을 걸어보라.

우리는 흔히 이목구비가 명확한 사람을 일컬어 미인 또는 미남이라고 한다. 우리 활동에서도 마찬가지이다. 이목구비를 명확히 하는 사람을 일컬어 프로라고 말하고, 이목구비가 두리뭉실한 사람을 아마추어라고 말한다.

이목구비를 명확히 하는 사람이란 귀로 듣는 것을 다르게 하고, 눈으로 보는 것을 다르게 하는 사람이다. 그리고 입으로 말하는 것을 다르게 하고, 오감으로 느끼는 것을 다르게 하는 사람이다. 즉 귀, 눈, 입, 코를 통해서 자신에게 긍정적으로 최면을 거는 사람이 리크루팅을 잘 한다.

Key Point 긍정적으로 최면을 거는 방법

이(耳)	목(目)	구(口)	비(鼻)
듣는 것을 다르게 하라	보는 것을 다르게 하라	말하는 것을 다르게 하라	느끼는 것을 다르게 하라

귀로 들으면서 새롭게 하라

당신의 애창곡은?

"혹시 이런 얘기를 들어본 적 있나요? '애창곡에 따라 사람의 운명이 바뀐다'는 얘기 말이에요." 한 세일즈 매니저가 뜬금없이 하는 말이 이랬다.

그는 애창곡에 따라 사람의 운명이 달라진다고 주장한다. 자신이 즐겨 부르는 노래를 우리는 흔히 애창곡이라고 한다. 사람들에게는 누구나 즐겨 부르는 애창곡이 한두 곡쯤은 있게 마련이다. 그런데 그 애창곡들이 사람에 따라 가지각색이다. 어떤 사람은 밝고 명랑한 노래를 좋아하는가 하면, 또 어떤 사람은 어둡고 구슬픈 노래를 즐겨 부른다.

밝고 명랑한 노래를 애창곡으로 부르는 사람은 생활도 밝고 명랑하며, 하는 일도 밝고 명랑하게 변한다고 한다. 그런데 어둡고 우울한 노래를 즐겨 부르는 사람은 생활도 어둡고 우울하게 변하더라는 것이다.

"세일즈에서 성공하려면 무엇보다 즐겨 부르는 애창곡부터 바꿔야 해요. 밝고 명랑한 곡으로 말이에요." 이어서 그가 주장하는 말이다. 세일즈에 성공한 사람들을 보면 대부분 밝고 명랑한 사람들이다. 그들이 즐겨 부르는 노래들은 한결같이 밝고 명랑하다. 그런데 세일즈에서 실패하는 사람들은 대부분 생각이 많고 소심한 편이다. 그들이 즐겨 부르는 애창곡은 어둡고 무거운 노래가 대부분이다.

우리에게는 '새마을 노래'가 있었다

우리가 오늘 이만큼 이렇게 잘 살게 된 것은 1960년대부터 시작했던 새마을 운동 덕분이라고 생각한다. 1960년대 새마을 운동이 한창일 때 눈만 뜨면 날마다 듣던 노래가 있었다. 바로 '새마을 노래' 라는 것이었다. 아침에 잠자리에서 일어날 때 동네 마이크에서 흘러나오는 이 노래를 들었고, 점심시간에도 들었으며, 저녁 잠자리에 들기 전까지 매일 반복해서 이 노래를 들었다.

그러다 보니 언제부터인가 나도 모르게 저절로 갖게 되었던 마음이 '잘 살아야지, 잘 살아야지' 하는 것이었다. 그래서 마을 길도 넓히고, 초가도 없애는 등 구슬 같은 땀을 흘렸던 것이 오늘과 같은 경제기반을 만드는 밑거름이 된 것이다.

왜 그때 그렇게 눈만 뜨면 날마다 새마을 노래를 들려주었던 것일까? 밝고 명쾌한 이 노래를 들으면서 누구나 자기도 모르게 잘 살아야 한다는 최면에 걸린 것이다.

귀로 들으면서 자신에게 최면을 걸어라

"나는 차 속에서 항상 듣는 음악 테이프가 있어요. 얼마나 많이 그 테이프를 틀었던지 테이프가 늘어나서 벌써 두 번이나 바꿨다니까요." 이 세일즈 매니저가 하는 말이다. 아침에 출근할 때도 이 테이프를 들으면서 출근하고 저녁에 퇴근할 때도 이 테이프를 들으면서 퇴근한다고 한다.

그는 언제나 밝고 명랑한 테크노 음악만 들으면서 자신에게 긍정적으로 최면을 건다고 한다. "제가 언제나 긍정적이고 도전적이라고요? 날마다 제 자신에게 최면을 걸어서 그럴 거예요."

Key Point 귀로 들으면서 리크루팅 최면 걸기

눈으로 보면서 새롭게 하라

작심삼일이라고요?

한 해가 시작되는 1월 1일, 어떤 마음으로 1년을 시작하였는가? 어떤 사람은 멀리 동해안 정동진까지 달려가서 가장 먼저 뜨는 해를 보면서 한 해의 각오를 다짐했을 것이다. 또 어떤 사람은 큼지막하게 새해 결심을 적어서 걸어두기도 했을 것이다. 그런데 그때 그 결심을 지금도 그대로 유지하고 있는가? 혹시 작심삼일이 되지는 않았는가? 무슨 일을 하든지 초발심(初發心)을 잃지 말아야 한다. 처음 시작할 때의 그 결심, 그 마음을 잃지 않는 사람이 성공한다.

리크루팅도 마찬가지이다. 누구나 새해가 되면 조직을 어떻게 키우겠다는 1년 계획을 세우고, 월초가 되면 이번달에 몇 명을 리크루팅한다는 한 달 계획을 세운다. 그런데 그 계획을 100% 달성하는 사람이 있는가 하면, 계획만 거창할 뿐 결과는 하나도 없는 사람이 있다. 그 차이점은 무엇일까?

그 해답은 목표를 잊지 않고 있느냐, 목표를 잊어버리느냐에 달려 있다. 연초, 월초에 세웠던 계획을 매일 잊지 않으려고 노력하는 사람은 성공하고, 목표를 세워놓고 까마득하게 잊어버리는 사람은 실패하는 것이다.

리크루팅을 잘 하는 사람들은 매일 자신이 세운 목표를 잊지 않으려고 여러 가지 모습으로, 여러 가지 아이디어로 부단한 노력을 한다.

눈길이 닿는 곳에 목표를 적어둔다

한 세일즈 매니저의 책상 앞에는 풋말이 하나 붙어 있다. 이번 달 리크루팅 목표와 행동지침이 적혀 있는 풋말이다. '2월 리크루팅 목표는 2명, 매일 3명에게 전화하고, 3명에게 문자 메시지 보내고, 하루에 1명은 무조건 만난다' 는 내용이 적혀 있는 풋말이다.

그는 이 풋말을 둥그렇게 만들어 책상 위 메모지 홀더에 꽂아 놓았다. 메모지 홀더는 스프링 장치가 되어 있어 손가락으로 톡 치면 메모지가 앞뒤로 흔들리게 되어 있다. 그는 책상에 앉을 때마다 이 메모지 홀더를 손가락으로 톡 친다. 그러면 리크루팅 목표가 적혀 있는 풋말이 앞뒤로 흔들리는 것이다. 활동을 나갈 때도 이 메모지 홀더를 손가락으로 톡 치면서 나간다. 리크루팅에 대한 목표를 잊지 않으려는 생각에서 이 아이디어를 고안해냈다고 한다.

한 세일즈 매니저의 책상 주변에는 포스트잇(Post-it)이 덕지덕지 붙어 있다. 리크루팅 대상자들의 이름이다. 그는 매일 이 사람들의 이름을 보면서 자신에게 최면을 건다고 한다. '언젠가는 꼭 우리 식구로 만들겠다…….'

보면서 잊지 않게 하라

"몸이 멀어지면 마음도 멀어진다고 하잖아요. 리크루팅에 대한 목표를 잊어버리면 행동도 없어지더라고요." 그가 하는 말이다. 리크루팅에 성공하려면 목표를 한시도 잊어서는 안 된다. 목표를 잊지 않기 위해서 자기 자신에게 최면을 걸어라.

그 방법 중 하나는 가장 잘 보이는 곳에 목표를 게시해놓고 수시로 보는 것이다. 앞에서 소개한 손가락으로 톡 치는 것과 같이 어떤 행동과 연결시키면 훨씬 더 좋은 효과를 얻을 수 있다.

Key Point 눈으로 보면서 리크루팅 최면 걸기

목표

1. 책상 앞에 목표를 적은 푯말을 붙여라
2. 목표를 수시로 볼 수 있게 하라
3. 메모지 홀더를 활용하라
4. 손으로 톡 치면서 목표를 상기하라

입으로 외치면서 새롭게 하라

혹시 교회 다니세요?

자동차 업계에서 유명한 세일즈 매니저가 있다. 그는 아침마다 출근하면 자리에 앉자마자 조용히 눈을 감고 혼자서 무엇인가 중얼거린다. 이 모습을 보고 언젠가 한 신입사원이 이렇게 묻더란다. "선배님, 혹시 교회 다니세요?" 출근하면 눈을 감고 중얼중얼 거리는 모습을 보고 교회 다니는 사람이 기도하는 것으로 생각한 것이다.

이 말에 그는 아무 말 없이 자신의 다이어리를 열어 첫 페이지를 보여주었다고 한다. 거기에는 허버트 카우프만이 쓴 〈승리〉라는 시가 붙어 있다. 그는 아침마다 출근해서 자리에 앉을 때 이 시를 조용히 읊조리는 것이다. "나는 언젠가는 최고가 될 것이라고 항상 자부해왔다. (중략) 프로의 명단에는 내 이름이 없다. 그 이유를 설명해보라. 기회가 없었던 것이 아니었다. 여느 때와 마찬가지로 나는 행동하지 않았던 것이다." 그는 매일 아침 이 시를 입으로 중얼거리면서 '그래, 오늘도 무엇인가 행동으로 옮겨야 해' 하는 식으로 마음을 새롭게 다졌다고 한다. 그 결과 오늘의 자리에까지 오를 수 있었던 것이다.

매일 하나씩 소리 내어 읽어라

자신에게 긍정적으로 최면을 거는 방법 중 하나는 입으로 외치면서 마음을 새롭게 하는 것이다. 미릿속으로만 생각하는 것이 아니라, 마음속으로만 바라는 것이 아니라, 입으로 외치면서 행동에 대한 다짐을 새롭게 하는 것이다.

한 세일즈 매니저는 아침에 팀원들과 미팅을 시작할 때 날마다 소리 내어 읽는 것이 있다. 바로 리크루팅 관련 한국 속담을 읽는 것이다. 그는 한국 속담 중에 적극적인 행동과 관련된 속담을 리크루팅과 관련된 문구와 함께 한 장의 종이에 정리했다. 이것을 팀원들에게 나눠주고 아침마다 한 번씩 소리 내어 읽는 것이다.

"매일 소리 내어 읽었더니 두 가지 효과가 있더라고요." 그가 하는 말이다. 우선 자기 자신이 먼저 변하게 되었다고 한다. 매일 소리 내어 읽다 보니 리크루팅을 행동으로 옮겨야 한다는 생각을 잊지 않게 되었다는 것이다. 그래서 오늘도 누구를 만나러 갈까 연구하고 고민하게 된다.

다음으로는 팀원들이 변했다. 굳이 리크루팅하자는 말을 하지 않더라도 사원들이 대상자를 적극적으로 소개해주는 분위기로 바꿔더라는 말이다. "매일 소리 내어 읽다 보니 행동으로 옮겨야 한다는 최면이 걸리게 된 모양이에요." 그가 웃으면서 하는 말이다.

입으로 외치면 행동이 따라온다

다시 한 번 강조하지만 리크루팅은 마음으로 하는 것이 아니다. 생각으로 하는 것이 아니다. 리크루팅은 행동으로 하는 것이다. 리크루팅 대상자를 적극적으로 찾아내려는 노력이 있어야 하고, 매일 한 명 이상은 무슨 일이 있어도 만나는 노력이 있어야 리크루팅을 풀어갈 수 있다.

리크루팅에 성공하려면 적극적으로 행동할 수 있도록 자기 자신에게 날마다 최면을 거는 방법이 필요하다. "날마다 하나씩 소리 내어 읽어라. 입으로 외치니까 행동이 달라지더라." 이 말을 가슴 깊이 새겨라.

Key Point 입으로 외치면서 리크루팅 최면 걸기

하루에 하나씩 소리 내어 읽어라

리크루팅 속담

리크루팅 화법

리크루팅 구호

리크루팅 표어

승리

허버트 카우프만

나는 언젠가는 최고가 될 것이라고
항상 자부해왔다.

하지만 그 동안 나의 행동은
하나의 쇼에 불과했다.
많이 알고 있는 것처럼 자랑하고 다녔지만
그것은 결국
내가 아직 멀었다는 것을 증명할 뿐이었다.

내가 또 막 보낸 지난 한 해,
과연 무엇을 남겼는가?

나는 매년 새로운 열두 달을 사용해왔다.
그 중 얼마의 시간을
기회와 도전을 위해 사용했던가?
또 헛되이 보낸 시간은 얼마였던가?

프로의 명단에는 내 이름이 없다.
그 이유를 설명해보라.
기회가 없었던 것이 아니었다.
여느 때와 마찬가지로 나는 행동하지 않았던 것이다.

리크루팅 관련 한국 속담

1. 호랑이 굴에 들어가야 호랑이 새끼를 잡는다.
리크루팅은 앉아서 하는 것이 아니다. 무조건 뛰쳐나가자.

2. 거미는 줄을 쳐야 벌레를 잡는다.
사람을 만나야 리크루팅을 할 수 있다. 하루에 한 명은 무조건 만나자.

3. 물은 건너보아야 알고 사람은 지내보아야 한다.
한 번의 만남으로 판단하지 말자. 만나고 또 만나자.

4. 열 번 찍어 안 넘어가는 나무 없다.
한 번에 안 되면 또 한 번, 그래도 안 되면 될 때까지 찾아가자.

5. 오라는 데는 없어도 갈 데는 많다.
오라고 하지 않으면 내가 찾아가는 이유를 만들면 된다.

6. 초년 고생은 양식 지고 다니며 한다.
초기만 고생하면 된다. 조직만 키우면 여기가 바로 천국이다.

7. 숲이 커야 짐승이 나온다.
리크루팅 대상자를 늘려라. 적어도 200명은 찾아야 한다.

8. 정성이 지극하면 돌 위에 풀이 난다.
리크루팅은 사람을 얻는 일이다. 정 관리가 가장 중요하다.

9. 하루 괴로움은 그 하루에 족하다.
오늘 거절당했다 하더라도 내일은 희망이 있다.

10. 구슬이 서 말이라도 꿰어야 보배다.
대상자가 아무리 많아도 결과가 없으면 꽝이다.

긍정적인 분위기를 연출하라

기를 살려줘라

영업이 잘 되는 조직은 항상 시끌벅적하다. 무슨 좋은 일이 있는지 웃음소리가 끊이지 않고 사원들의 눈빛은 반짝반짝 빛난다. 한마디로 사원들의 기가 살아 있다. 그러나 영업이 안 되는 조직에 가보면 절간처럼 조용하다. 숨만 조금 크게 쉬어도 옆사람이 금방 알아차릴 수 있을 정도로 적막감이 쫙 깔려 있다. 이런 조직의 사원들은 어깨가 축 처져 있고 눈은 땅을 향해 있으며 기가 죽어 있다.

리크루팅을 잘 하기 위해서는 사원들의 기를 살려주는 것이 필수 요건이다. 사원들의 기가 살아야 리크루팅 대상자 소개가 원활하게 이루어지기 때문이다.

사원들의 기를 살리기 위해서는 어떻게 해야 할까?

단점을 보지 마라

세일즈 매니저는 절대로 사원을 험담하는 말을 해서는 안 된다. 마음이 답답하고 속이 탄다고 해서 옆의 동료에게 자기 사원에 대한 험담을 한다면 그 사람은 매니저로서의 자격이 없다. 조직은 리더에 따라서 달라지기 때문이다.

예를 하나 들어보자. 우리나라 어머니들이, 특히 초등학생을 둔 어머니들이 가장 많이 겪는 시행착오 중 하나는 엄마의 눈높이로 자녀를 본다는 것이다. 엄마의 눈높이로 자녀를 보면 자녀가 하는 행동이 엄마의 기대수준에 못 따라오는 것은 당연하다. 그래서 급한 마음에 자녀를 막 야단친다. "도대체 너는 누굴 닮아서 이 모양이냐?" 하는 식으로 말이다.

그런다고 자녀가 엄마가 바라는 수준만큼 따라올 수 있을까? 천만의 말씀. 자녀는 기가 죽어서 무엇을 하려고 하다가도 엄마의 눈치를 살피게 된다. 엄마의 눈치가 심상치 않으면 하려던 일을 멈추고 슬그머니 자기 방으로 들어가버리고 만다. 그러면 이 아이는 자기 방에 가서 무엇을 할까? 혼자만 할 수 있는 장난감 놀이를 한다든가, 컴퓨터 게임을 할 것이다. 이런 아이가 자라면 사회생활에 적응하지 못하고 문제아가 되는 것이다.

그러나 현명한 엄마는 엄마의 눈높이로 자녀를 대하지 않는다. 엄마의 눈높이에서 보면 자녀의 행동이 기대에 못 미치는 것은 당연하겠지만 자녀의 단점을 보지 않고 장점을 찾아서 집중적으로 칭찬해준다. "너는 이런 것을 잘 하잖아. 지난번에 이렇게 했을 때 엄마가 얼마나 좋아했는지 알지?" 이런 식으로 자녀의 기를 살려준다. 그러니 자녀는 신이 나서 이것도 해보고, 저것도 해보는 등 무슨 일을 하든지 도전적이고 적극적으로 임하게 된다. 이런 아이들이 성장하면 큰 일을 하게 된다.

엄마의 태도에 따라서 자녀의 운명이 달라진다. 마찬가지로 매니저의 태도에 따라서 사원들의 자세가 달라진다. 사원들의 단점만 보고 단점만 지적하면 사원들은 기가 죽고, 사원들의 장점만 보고 장점만 내세우면 사원들은 기가 살고 적극적으로 활동하게 된다.

의도적으로 장점을 만들어라

영업도 잘 하고 리크루팅도 잘 하는 한 세일즈 매니저는 그 비결이 사원들의 장점을 집중적으로 부각시키는 데 있다고 한다. "우리 조직만의 장점을 찾아라." 그가 하는 말이다. 사원들이 잘 하는 것을 찾아서 그것을 집중적으로 부각시키라는 말이다.

그는 초기에 사원들의 기를 살려주기 위해서 조직의 장점을 집중적으로 연구했다고 한다. 그래서 그 장점들을 가지고, "우리가 최고다. 팀 파워에서는 우리만한 조직이 없다. 지난번에는 목표를 200% 달성한 저력도 있지 않느냐"는 식으로 사원들에게 긍지를 심어주려고 노력했다고 한다.

"만에 하나 장점을 찾다 찾다 못 찾으면 장점을 의도적으로 만드세요."

장점을 못 찾으면 의도적으로 장점을 만들어 사원들에게 제시하라는 말이다. 앞으로 우리 조직은 이런 방향으로 갔으면 좋겠다는 암시를 눈으로 보게 하라는 것이다. 그 전략의 하나로 그는 사원들에게 프라이드를 심어줄 수 있는 포스터를 만들어 수시로 게시한다고 한다. 조직의 장점과 우수성을 눈으로 볼 수 있게 함으로써 앞으로 더 분발하여 잘 하자는 격려의 메시지를 보낸다는 것이다.

이런 노력의 일환으로 사원들은 기가 살아나게 되었고, 그 결과 영업도 잘 되고 사원들이 리크루팅 대상자를 적극적으로 추천하는 분위기가 형성되었다고 한다.

우리 조직만의 장점을 찾아라. 그리고 그 장점을 집중적으로 부각시켜라. 만약 장점이 없으면 의도적으로 만들어서라도 사원들에게 제시하라. 사원들의 기가 살아나야 리크루팅도 살아난다.

Key Point 긍정적인 분위기를 연출하는 전략

장점 극대화 전략	1. 사원들의 험담을 하지 마라 2. 단점을 보지 말고 장점만 찾아라 3. 장점을 집중적으로 부각시켜라 4. 장점이 없으면 의도적으로 만들어라 5. 게시물을 통해 사원들의 기를 살려줘라

이런 사람을 없애라

이런 사람이 없어야 한다

조직이란 여러 사람이 모여 한 집단을 이룬 것을 말한다. 영업 조직은 각양각색의 사람이 모여 한 집단을 이루어 활동하는 것을 말하는데, 그 구성원이 누구냐에 따라 영업 분위기가 결정된다. 따라서 영업 및 리크루팅 활성화를 위해서는 다음과 같은 사람들이 없어야 한다.

첫째, 구경꾼이 없어야 한다. 구경꾼은 자기 중심적으로 행동하는 사람이다. 자기에게 유리한 쪽으로만 붙는 사람이다. 이리저리 눈치만 보는 사람이다. 자기에게 도움이 되면 이리 붙고 자기에게 도움이 되지 않는다 싶으면 아예 눈길조차 주지 않는 사람이다. 사원들 중 가장 많은 비중을 차지하고 있는 부류가 바로 이런 사람들이다. 영업이 잘 되게 하려면 구경꾼부터 없애야 한다. 리크루팅이 잘 되려면 역시 구경꾼을 없애야 한다.

둘째, 말꾼이 없어야 한다. 말은 청산유수로 하면서도 행동은 하나도 하지 않는 사람이다. 이런 사람들은 이유가 많다. 핑곗거리를 항상 입에 달고 다닌다. 자신의 행동을 이런 저런 이유를 붙여 합리화시키는 사람들이다. 이런 사람들이 한강에 빠지면 어떻게 될까? 입만 뜬다고? 아니다. 요즘은 엉덩이만 뜬다고 한다. 왜? 물고기들과 얘기하기 바빠서.

아무튼 영업이 잘 되고 리크루팅이 잘 되려면 말만 앞서고 행동은 하나도 하지 않는 말꾼이 없어야 한다.

셋째, 심술꾼이 없어야 한다. 심술꾼은 불평불만이 많은 사람이다. 뭐가 불만인지 항상 입이 한 자나 튀어나와 있다. 이런 사람이 있으면 조직의 분위기는 부정적으로 흐르기 쉽다. 한 사람이 다른 사람을 전염시키기 때문이다. 영업이 잘 되려면 심술꾼이 없어야 한다.

넷째, 훼방꾼이 없어야 한다. 훼방꾼은 자기도 하지 않으면서 남까지 못 하게 하는 사람이다. 가만히 있으면 고맙기나 하지. 열심히 활동하려고 하는 사람을 기죽이는 사람이다. 이런 사람이 있으면 영업은 급속도로 침체국면으로 접어든다. 영업을 위해서, 리크루팅을 위해서는 훼방꾼이 없어야 한다.

일꾼이 필요하다

그러면 영업 활성화를 위해서, 리크루팅 활성화를 위해서는 어떤 사람이 필요할까? 바로 일꾼이다. 일꾼은 긍정적인 사람이다.

일꾼은 부지런하고 적극적인 사람이다. 이런 사람은 항상 웃는 얼굴이고, 활기찬 모습으로 활동한다. 매사에 협조적이고 조직을 위해서 자신을 희생해가며 헌신적으로 봉사하는 사람이다. 그러기에 이런 사람은 가는 곳마다 환영받고 인정받는다.

리크루팅을 위해서 반드시 필요한 사람은 바로 자신을 양보하고 희생할 줄 아는 일꾼이다. 리크루팅은 어느 정도 양보와 희생이 필요하기 때문이다. 리크루팅 대상자를 소개해주는 일을 보더라도 그렇다. 자기 양보 없이는 자발적으로 리크루팅 대상자를 소개해주지 않는다. 구경꾼, 말꾼, 심술꾼, 훼방꾼들에게는 양보와 희생이 없다. 그렇기에 그런 사람들로부터는 리크루팅 대상자를 소개받을 수 없다.

리크루팅 대상자를 배양하는 문제도 마찬가지이다. 일꾼은 적극적으로 정보를 수집하고, 동행해주고, 친분관계를 쌓는 데 협력해준다. 그러다 보니 자기 활동 면에서는 다소 소홀하게 되는 희생이 따른다. 구경꾼, 말꾼, 심술꾼, 훼방꾼들로부터는 그런 모습을 기대할 수 없다.

리크루팅은 팀워크다

영업은 팀워크라고 한다. 특히 조직영업은 팀워크가 필수이다. 어느 특출한 한두 사람에 의해서 영업이 이루어지는 것이 아니라, 조직 전체의 팀워크에 의해서 이루어지기 때문이다.

리크루팅에서도 팀워크가 가장 중요하다. 리크루팅이 잘 되려면 한두 사람만 리크루팅 활동에 참여하는 것이 아니라 전 사원이 일사분란하게 참여하는 팀워크가 필요하기 때문이다. 그러기 위해서는 구경꾼, 말꾼, 심술꾼, 훼방꾼이 없어야 한다. 대신 전 조직원이 일꾼으로만 구성되어 있어야 한다.

Key Point 성공하는 조직과 실패하는 조직의 차이

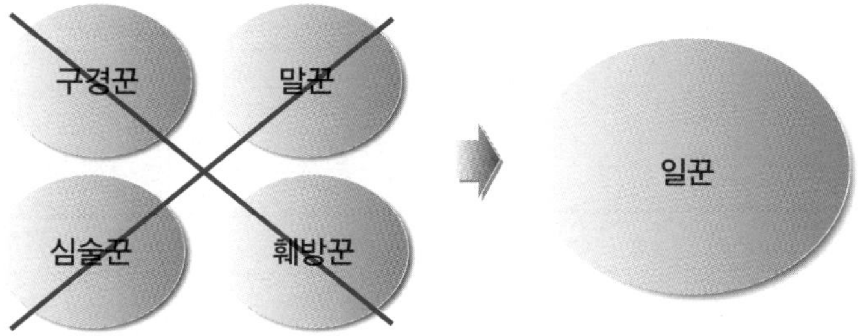

3장

리크루팅 프로세스

리크루팅에도 트렌드가 있다

시장에는 트렌드가 있다

히트 상품은 그 당시의 시장 트렌드에 따라 절대적인 영향을 받는다. 웰빙(Well-being) 바람이 한창일 때는 웰빙 상품이 불티나게 팔렸다. 경기가 회복되면서 지금은 고급화 바람을 타고 고가의 웰빙 상품, 즉 기능성 고급 상품들이 날개 돋친 듯 팔리고 있다.

또한 21세기 감성의 시대에 접어들면서 오감형 상품이 불티나게 팔리고 있다. 단순히 보고, 듣고, 즐기는 식의 수동형 오감체험에서 벗어나 지금은 적극적인 참여를 통해 만족감을 느끼는 체험소비 트렌드가 뜨고 있는 것이다.

앞으로는 글로벌화가 가속화됨에 따라 언제, 어디에서, 누구나 쉽게 사용할 수 있는 유니버설 상품이 새로운 트렌드를 형성할 것이라는 분석이다. 따라서 상품이 히트를 치기 위해서는 그 시대의 시장 트렌드에 따라 접근방법을 달리해야 한다.

상품이 시장 트렌드에 따라 영향을 받는 것처럼 리크루팅도 그 시대의 트렌드에 따라 달라진다. 다시 말하면 리크루팅도 그 시대의 트렌드에 따라 접근방법을 달리해야 한다는 것이다.

현재의 리크루팅 트렌드

과거의 리크루팅 방법에는 3가지 트렌드가 있었다. 3무(無) 리크루팅 방법이 그것이다. 즉 무조건, 묻지마, 무작위 방법이었다. 무조건 리크루팅 방법은 이유를 묻지 말라는 것이다. 이유 같은 것은 묻지 말고 무조건 리크루팅을 해야 한다는 것이다.

묻지마 리크루팅 방법은 어떻게 데려오든 그 방법적인 것을 묻지 말라는 것이다. 주변 사람을 데려오든, 길거리에서 방황하는 사람을 데려오든 사람만 데려오면 되는 것이지 방법적인 것은 중요하지 않다는 것이다.

마지막으로 무작위 리크루팅 방법은 누구를 데려오든 상관없다는 것이다. 어떤 사람이든 구분하지 말고 데려오기만 하라는 것이다.

그러나 지금은 이러한 방법으로 리크루팅에 접근하면 안 된다. 우량 사원, 양질의 사원을 도입해야 하는 것이 현재의 리크루팅 트렌드이다. 따라서 지금은 리크루팅 접근방법에 3가지 트렌드를 따라야 한다. 즉 선별 도입, 타깃 도입, 배양 도입으로 리크루팅을 풀어가야 한다.

선별 도입은 아무나 도입하지 않는다는 것이다. 우리 색깔, 우리 문화에 맞는 사람을 선별해서 도입한다는 말이다. 타깃 도입은 막연하게 접근하지 않는다는 것이다. 리크루팅 대상자를 찾아서 그 대상자에게 활동력을 집중시킴으로써 성공률을 높인다는 뜻이다.

마지막으로 배양 도입은 시간적인 여유를 갖고 접근한다는 것이다. 지금 당장 급해서 접근하는 것이 아니라 대상자를 찾아내어 상담하고 면담하는 배양과정을 거쳐서 신인을 도입한다는 것이다.

과정관리가 가장 큰 차이점이다

옛날 리크루팅 방법과 지금 리크루팅 방법의 가장 큰 차이점은 '과정관리'라 할 수 있다. 옛날 리크루팅 방법에는 과정관리가 없었다. 무조건, 아무나, 무슨 방법을 동원하더라도 데려오기만 하면 되었다.

그러나 지금은 반드시 과정관리를 통해서 리크루팅을 해야 한다. 먼저 리크루팅 대상자를 찾고 그 대상자들 중에서 우리 조직 색깔에 맞는 가능자를 선별하고, 그 다음 단계로 이들을 상담하고 면담하는 배양과정을 거쳐서 신인을 선택하는 방식으로 바뀌었다. 그래야 양질의 우수한 신인을 얻을 수 있기 때문이다.

시장 트렌드가 변하면서 리크루팅 트렌드도 변했다. 시장의 트렌드가 변했으면 그 접근방법도 달라져야 하듯이 리크루팅 트렌드가 변했으면 리크루팅 접근방법도 변해야 하는 것은 당연하다. 옛날의 무조건, 묻지마, 무작위 방법에서 벗어나라. 지금은 선별 도입, 타깃 도입, 배양 도입으로 리크루팅을 풀어가야 한다.

Key Point 리크루팅 3대 트렌드

선별 도입

타깃 도입

배양 도입

선별 도입은 기본이다

아무나 리크루팅 안 해요

지금은 선별 도입하는 시대이다. 아무나 무조건 도입하는 것이 아니라, 우리 조직에 맞는 연령, 우리 조직에 맞는 생활수준의 사람을 선별해서 도입하는 시대이다.

예전에는 마구잡이로 도입했다. 시험 한번 봐달라, 일단 교육 한번 받아달라는 식으로 리크루팅을 하던 시절도 있었다. 그러나 지금은 이렇게 리크루팅에 임하는 회사는 아무 데도 없다. 지금은 어느 회사나 우리 조직에 맞는 사람으로, 우리 조직 색깔과 어울리는 사람으로 선별해서 리크루팅하는 경향으로 바뀌었다.

요즘 세일즈 매니저들로부터 많이 듣는 얘기가 있다. "우리는 아무나 도입하지 않아요. 꼭 다닐 사람만 선별해서 도입해요"라는 말이다. 맞는 말이다. 누가 마구잡이로 리크루팅을 하라고 했는가? 누가 옛날과 같은 방법으로 리크루팅하라고 했는가? 분명히 말하지만 지금은 아무나 도입해서는 안 된다. 지금은 꼭 다닐 사람만 선별해서 도입해야 한다.

오해하지 마라

언젠가 한 세일즈 매니저가 "우리는 아무나 리크루팅 안 해요"라고 하길래, 지점장에게 부탁해서 그 사람의 리크루팅 실적을 뽑아달라고 한 적이 있다. 직전 3개월의 리크루팅 실적이 어떤지 보고 싶었던 것이다. 그랬더니 놀랍게도 직전 3개월 리크루팅 실적이 '꽝'이었다. 지난 3개월 동안 리크루팅을 한 명도 못 했다는 말이다. 그래놓고 "우리는 아무나 도입 안 해요"라고 말했던 것이다. 자기가 리크루팅하지 못한 것을 선별 도입을 내세워 합리화시키고 있는 것이다.

오해하지 마라. 선별 도입하라는 것은 소수 도입하라는 얘기가 아니다. 선별 도입은 겨우 한 명 내지 두 명 리크루팅하고서 '리크루팅 다 했소' 하고 손 놓으라는 말이 아니다. 선별 도입이란 내가 리크루팅하지 못한 이유를 합리화시키라는 말도 아니다. 선별 도입하라는 것은 우량 자원을 도입하라는 말이고, 배양활동을 통해서 우수한 신인을 도입하라는 말이다.

지금도 대량 도입이 맞다

지금도 대량 리크루팅을 하는 것이 맞다. 지금도 신입사원은 대량으로 리크루팅해야 한다. 소수 리크루팅을 해서는 살아남지 못한다.

다만 달라진 것이 있다면 우량 자원을 도입해야 한다는 것이고, 배양활동을 통해서 도입해야 한다는 것이다. 옛날처럼 '교육 한번 받아달라'는 식으로 구걸하는 리크루팅 방식이 아니라 지금은 우량 자원을 선택해서 그 사람들에게 힘을 집중하는 배양활동을 통해 도입하는 방식으로 변한 것일 뿐이다. 옛날에는 대량 도입, 대량 탈락의 악순환이 있었지만 지금은 대량 도입, 대량 정착을 시켜야만 살아남을 수 있다.

기억하라. 지금도 대량 도입은 맞다. 우수한 자원을 선별해서 대량 도입해야만 살아남을 수 있음을 잊지 마라.

Key Point 지금의 리크루팅 방법은?

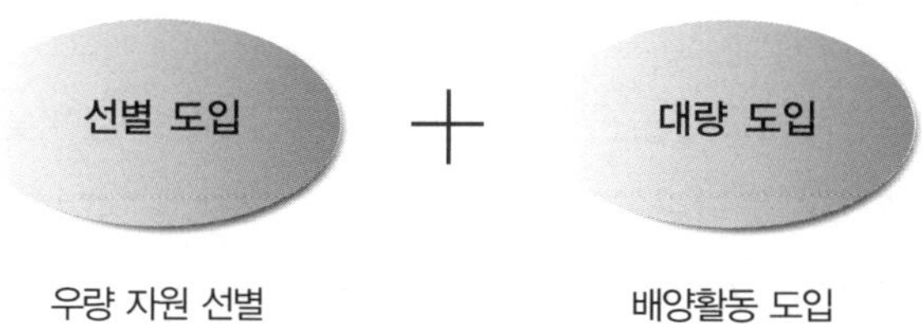

이것이 타깃 리크루팅이다

타깃 리크루팅 사례

한 매니저가 리크루팅 사례 발표장에서 30대 연령층을 집중적으로 도입하게 된 사례를 들려주었다. 어느 날 아침 리크루팅 미팅을 하던 중 한 사원이 학습지 교사를 집중적으로 공략해보면 어떻겠냐고 제안하더란다. 30대 연령의 결혼한 학습지 교사를 공략하자는 제안이었다. 그러면서 자기 자녀의 학습지 교사에 대해 설명하는데 기본적으로 대학을 나왔고, 결혼을 했으니 가정경제에 도움이 필요하다는 걸 절실하게 느끼고 있는 우수한 자원이라는 것이다.

가만히 생각해보니 누구나 주변에 학습지 교사 한 명쯤은 알고 있다는 생각이 들더란다. 이 방법은 사원 모두가 참여할 수 있는 방법이겠구나 싶었다. 그날부터 어느 한 사람 빠지지 않고 '1인 3명 학습지 교사 소개하기' 행사를 전개했다고 한다. 사원별 명단을 크게 만들어 벽에 게시해놓고 사원들로 하여금 학습지 교사 이름을 3명 이상씩 적게 했다. 그 결과 30명이 넘는 학습지 교사 명단을 입수하게 되었다.

다음 단계로 이 사람들의 명함을 입수하기로 했다. 명함에는 휴대폰 전화번호, 이메일 주소가 들어 있기 때문이다. 명함을 구해서 벽보에 있는 학습지 교사 이름 옆에 붙이고, 그 옆 빈 공간에는 휴대폰 전화번호와 이메일 주소를 기록하게 했다.

이 명단을 중심으로 일주일에 2번 이상 전화하고, 일주일에 한 번 이메일로 자료를 보내고, 한 달에 2번 이상 면담을 하는 캠페인을 전개했다고 한다. 이러한 행사를 6개월 넘게 지속했더니 한 명 두명 학습지 교사가 신입사원으로 들어오기 시작하여, 어느 샌가 조직 중에 많은 사람들이 학습지 교사 출신들로 채워지게 되더라는 것이다.

타깃 리크루팅을 도입해야 한다

지금은 타깃 도입을 해야 한다. 타깃이란 정해진 목표물이 있으며, 정확한 방향이 있다는 말이다. 막연하게 아무나 찾아가는 것이 아니라 우리 조직에 맞는 연령에, 우리 조직문화에 맞는 사람들을 선정해 그들을 집중 공략하는 방법으로 리크루팅 전략을 바꾸어야 한다. 그래야 리크루팅 결과도 좋아지고, 사원들의 경쟁력도 달라진다.

타깃 리크루팅은 대상자를 막연하게 생각하는 것이 아니라 특정 대상자를 잡고 그 대상자에게 힘을 집중시키는 리크루팅 방법이다. 타깃 리크루팅을 실천하기 위해서는 먼저 대상자가 어디에 있는지를 찾아야 한다. 위의 사례에서는 그 대상자를 학습지 교사로 정했다. 거기에 힘을 집중했더니 결과가 달라진 것이다.

선택과 집중, 바로 이 전략이 필요하다

타깃 리크루팅의 핵심은 선택과 집중 전략이다. 먼저 공략하고자 하는 리크루팅 대상자를 세분화하라. 불특정 다수를 막연하게 생각하는 것이 아니라 특정 직종, 특정 사람을 구체적으로 정하는 일이 우선되어야 한다. 그러고 나서 그 사람에 대한 구체적인 접근방법을 찾는 것이다.

타깃 리크루팅은 특정의 대상자에게 구체적인 방법으로 접근하는 선택과 집중 전략이다.

Key Point 리크루팅에서의 선택과 집중 전략

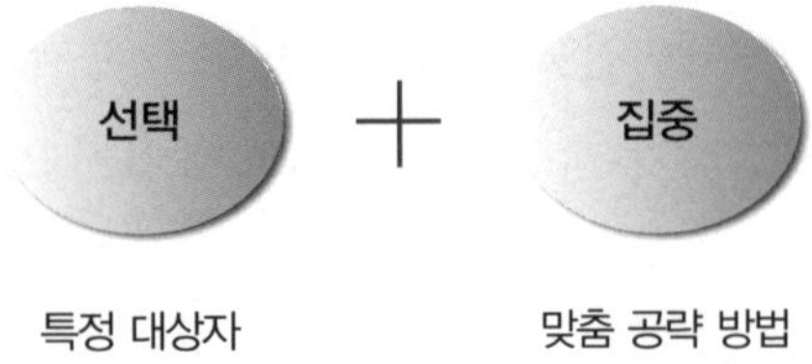

배양 도입이 해답이다

'신토불이'라는 말을 아는가

요즘 직장인들 사이에 많이 회자(膾炙)되는 말이 있다. 바로 '신토불이(身土不二)' 라는 말이다. 원래 이 말은 '우리 몸에는 우리 땅에서 난 농산물이 가장 좋다' 라는 의미로 몸과 태어난 땅은 분리될 수 없는 하나라는 뜻이었다.

그런데 요즘 직장인들이 쓰고 있는 '신토불이' 라는 말은 그 뜻이 아니라고 한다. 지금과 같은 구조조정의 칼바람 속에서 살아남으려면 몸과 땅을 분리시키면 안 된다는 의미란다. 배를 땅에다 깔고 납작 엎드려 있어야 살아남을 수 있다는 말이라고 한다. 그래서 몸(身)을 낮춰 땅(土)과 하나(不二)가 되게 해야 한다는 뜻으로 '신토불이' 하라고 한단다. 웃어야 할지 울어야 할지 모르겠다.

언젠가 '사오정' 이라는 말이 유행한 적이 있었다. 이 말은 '45

세가 정년' 이라는 의미였다. 그 다음에 유행한 말이 '오륙도' 였다. 이 말은 '56세까지 직장에 남아 있으면 도둑놈' 이라는 뜻이다. 그 다음에 다시 유행한 말이 '육이오' 였다. '62세까지 직장에 남아 있으면 5적 중에 하나' 라는 뜻이라고 한다. 그 다음에 유행한 말이 '삼팔선(38세까지 직장에 남아 있으면 선방)', '이태백(20세 태반이 백수)' 이라는 말들이었다. 이 유행어들이 '신토불이' 로까지 발전하게 된 것이다.

직장인들이 흔들리고 있다

요즘 직장인들이 가장 많이 고민하는 것이 특별한 대안이 없다는 것이다. 직장에서 뛰쳐나가자니 마땅히 할 만한 일이 없고, 그렇다고 체면 불구하고 눌러 있자니 직장 사정이 그렇지도 못하고…… 이러지도 못하고 저러지도 못하는 것이 요즘 직장인들의 모습이다.

그래서 언젠가 이런 광고가 있었다. "나는 싸워야 한다. 길들여지려고 하는 나와, 현실에 안주하려는 나와 싸워야 한다. 나는 30대 후반에 서 있기 때문이다." 직장에 다니고 있는 30대 후반의 남자가 혼자 독백하듯이 하는 말이다. 그 다음 30대 여성이 나와서 혼자 독백하듯이 하는 말이 이랬다. "나는 이겨야 한다. 나약해지려는 나를, 안주하려는 나를, 도망치려는 나를 이겨야 한다. 나는 인생에서 가장 중요한 30대의 삶에 서 있기 때문이다."

지금과 같은 구조조정의 상황에서는 무작정 가만히 있을 수 없다는 의미였다. 무엇인가 대책을 마련해야 한다는 말이다.

배양 도입으로 풀어라

직장에 다니고 있는 30대 남자를 공략하라. 또 30대 후반의 남편을 둔 30대 여성을 공략하라. 이들은 무엇인가 돌파구를 찾고자 하는 니즈가 그 어느 때보다 강하기 때문이다.

이런 사람들을 리크루팅하는 방법은 단시간에 공략해서는 안된다. 적어도 3개월 이상의 시간적인 여유를 가지고 서서히 접근해야 한다. 언젠가는 우리 식구가 될 사람이라는 생각을 가지고 조금씩 조금씩 배양하는 방법으로 접근해야 한다. 지금의 리크루팅 방법은 이러한 리크루팅 대상자를 찾아서 시간적인 여유를 가지고 접근하는 배양 도입 방법으로 풀어가야 한다.

Key Point 배양 리크루팅 방법

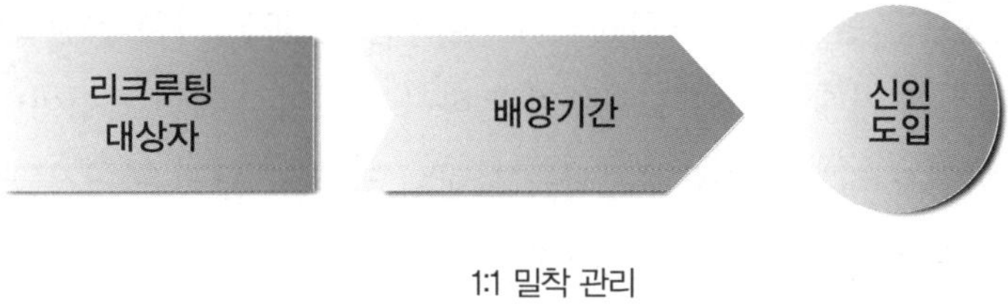

컨설팅 리크루팅을 하라

구걸 리크루팅은 이제 그만!

지하철 계단에서 매일 구걸하는 거지가 있다. 깡통 하나 앞에 놓고 하루 종일 죽은 듯이 엎드려 있다. 그런데 어느 날 그 거지 앞에 깡통이 하나 더 놓여 있었다. 지나가던 행인이 그 거지에게 왜 깡통을 하나 더 놓았냐고 물었더니 그 거지 왈, "분점을 냈습니다" 하는 것이다. 시중에서 유행하고 있는 유머 한 토막이다.

거지란 누구인가? 거지는 자발적인 경제행위를 거부하는 사람을 말한다. 남이 도와주는 것만 바라는 사람이 바로 거지이다. 거지들은 땀 흘리며 노력하는 일을 싫어한다. 대신 다른 사람들의 동정심에 기대어 남이 도와주기만 바라는 것이 거지의 습성이다.

"아직도 리크루팅을 구걸하는 사람이 있어요. 구걸은 거지들이나 하는 일 아닌가요?" 한 세일즈 매니저가 하는 말이다. 리크루팅 대상자에게 매달려서 애걸복걸하는 식으로 리크루팅을 하겠다고 덤비는 사람들에게 하는 말이다. 평상시는 아무런 연락도 없다가 자기가 아쉬울 때만 찾아와서 같이 일하자고 설득하는 사람을 두고 하는 말이다.

"지금은 옛날처럼 리크루팅 대상자에게 통사정을 하면 안 돼요. 그런 자세가 바로 거지가 구걸하는 방법이지요." 이 세일즈 매니저가 이어서 하는 말이다. 그러면 지금은 리크루팅을 어떻게 해야 한단 말인가?

시대가 변하고, 시장여건이 변하고, 고객의 기대수준이 변하면서 세일즈 방법도 많이 변했다. 옛날에는 연고자들 중심으로 무조건 상품만 팔겠다고 덤비는 연고 마케팅이 유행했다. 그러던 것이 시간이 지나면서 고객의 삶과 인생을 설계해주는 설계 판매 방법으로 바뀌더니, 지금은 고객 한사람 한사람의 인생을 조정해주는 컨설팅 판매방법으로 바뀌었다.

컨설팅 리크루팅 방법으로 접근하라

컨설팅이란 무엇인가? 컨설팅이란 단순히 상대방의 고민이나 문제점을 들어주는 데 그치는 것이 아니다. 상대방에게 문제점이 있으면 그 문제점을 해결할 수 있는 구체적인 해결책을 제시해주고 새로운 기회를 만들어주는 것이 컨설팅이다.

지금은 리크루팅을 컨설팅 방법으로 풀어가야 한다. 리크루팅 대상자가 있으면 그 사람에게 무엇이 문제인가를 먼저 파악해야 한다. 그러고 나서 그 문제점을 해결하기 위한 구체적인 수단과

방법을 제시해주어야 한다.

다시 말하면 리크루팅 대상자가 안고 있는 문제점에 대해 자신만의 독립적인 평가를 실시하고, 평가 결과에 대해 리크루팅 대상자와 함께 토의와 협력을 통해 적극적으로 해결책을 찾아가는 방법으로 리크루팅을 풀어가야 한다.

여유를 갖고 대하라

구걸 리크루팅을 하느냐, 아니면 컨설팅 리크루팅을 하느냐의 근본적인 차이점은 시간에 있다. 당장 급해서 덤벼드는 방법은 구걸 리크루팅이다.

그러나 컨설팅 리크루팅은 급하게 달려들지 않는다. 시간적인 여유를 가지고 토의와 공감대를 형성해가는 방법으로 풀어간다. 아무나 마구잡이로 리크루팅하는 방법이 구걸 리크루팅이고, 우량 자원을 선별 도입하는 것이 컨설팅 리크루팅이다.

Key Point 컨설팅 리크루팅 3대 요소

기술적 차원	인간적 차원	경험적 차원
문제점 분석 및 해결방법 제시	개인적 1:1 밀착 관리	폭넓은 경험에서 나온 어드바이스

리크루팅 플로를 지켜라

빠른 것이 좋은 것은 아니다

우리가 먹는 음식을 크게 두 가지로 구분하면 패스트 푸드와 슬로 푸드로 나눌 수 있다. 패스트 푸드란 현대인의 빠르고 바쁜 생활습관에 맞춘 음식으로 햄버거, 치킨 등을 꼽을 수 있다.

이 음식들은 쉽게 접할 수 있고 빨리 먹을 수 있다는 장점은 있지만 영양결핍, 비만 등의 많은 부작용을 낳고 있다. 이 음식은 칼로리에 비해 영양분이 턱없이 낮아 영양 불균형을 일으킬 뿐만 아니라, 자주 먹으면 인공 감미료에 길들여져 자연미각을 잃게 된다고 한다. 패스트 푸드를 즐겨 먹는 아이들은 아토피성 피부염에 걸릴 가능성이 40%나 증가한다는 보고도 있었다.

반면에 슬로 푸드는 패스트 푸드와는 반대되는 개념이다. 음식 고유의 맛을 천천히 음미하면서 먹음으로써 소화를 원활하게 하고 음식을 통해 즐거움을 얻을 수 있는 장점을 지니고 있다. 이 음식은 전통적인 방식으로 재배된 식재료를 사용하기 때문에 영양분이 풍부하고 소화가 잘 되는 것이 특징이다. 우리 나라 대부분의 전통 음식들, 된장, 고추장, 김치 등이 대표적인 슬로 푸드에 속한다.

숙성과정을 지켜라

리크루팅에도 두 가지 방법이 있다. 하나는 패스트 푸드와 같은 방법이고, 다른 하나는 슬로 푸드와 같은 방법이다. 기존에 우리가 해왔던 방법이 패스트 푸드와 같은 방법이라 할 것이다.

바쁘다 보니, 급하다 보니 빨리빨리 리크루팅을 하고자 했다. 리크루팅 대상자가 있으면 무조건 덤벼들어 설득하고자 했다. 거기에는 기다릴 시간적인 여유가 없었다. 리크루팅에 대한 어떠한 과정도 없었다. 지금 당장 어떤 결과를 얻으려고만 했기 때문이다.

패스트 푸드를 먹으면 영양 부족, 비만 등의 부작용이 나타나듯이 패스트 푸드 방식의 리크루팅 접근방법은 부실사원이 들어오고, 조기 탈락하는 영양결핍증에 걸리게 되었다.

지금은 슬로 푸드 바람이 불고 있다. 이제는 리크루팅도 슬로 푸드 방법으로 바뀌어야 한다. 천천히 시간적인 여유를 가지고 음식의 맛과 향을 즐기면서 먹는 슬로 푸드처럼 리크루팅도 천천히 시간적인 여유를 가지고 접근해야 한다. 그래야 우량 사원이 도입되고 반드시 정착되는 경쟁력 있는 사원을 도입할 수 있다.

슬로 푸드의 가장 큰 특징은 숙성과정이다. 콩에서 메주로, 다시 된장으로, 몇 가지 과정을 거쳐 만들어진 된장을 갖은 채소와 함께 보글보글 끓여 만든 된장찌개, 발효과학의 대표주자인 김치, 그리고 쌀을 빻아 쪄서 만든 떡 등 숙성과정을 거치는 것이 바로 슬로 푸드의 특징이다.

슬로 푸드 방식의 리크루팅 방법은 바로 숙성과정, 즉 배양활동을 필요로 한다는 것이다. 대상자를 찾고, 1차 면담을 통해서 가능자를 찾고, 배양활동을 통해 후보자를 만들고, 상담하고 면담하는 과정을 거치는 등 우량 자원을 도입하는 숙성과정을 거쳐야 한다.

리크루팅 플로를 지켜라

슬로 푸드가 몸에 좋은 것은 오랜 시간 숙성과정을 거쳐 발효되었기 때문이다. 슬로 푸드 방식의 리크루팅이 좋은 것은 시간적인 여유를 가지고 배양활동을 통해서 리크루팅 대상자가 스스로 결정하게 만들었기 때문이다. 우량 자원, 좋은 신인을 얻기를 원한다면 리크루팅 플로(Flow)를 지켜라. 리크루팅 대상자를 찾고, 배양하고, 면담하는 등 일련의 숙성과정을 거치는 것이 리크루팅 플로이다.

우리 속담에 급하게 먹는 밥이 체한다고 했다. 리크루팅을 급하게 서두르면 부실 자원만 양산된다. 우량 자원을 리크루팅하기 위해서는 시간적인 여유를 가지고 대상자를 찾는 일부터 신입사

리크루팅 플로

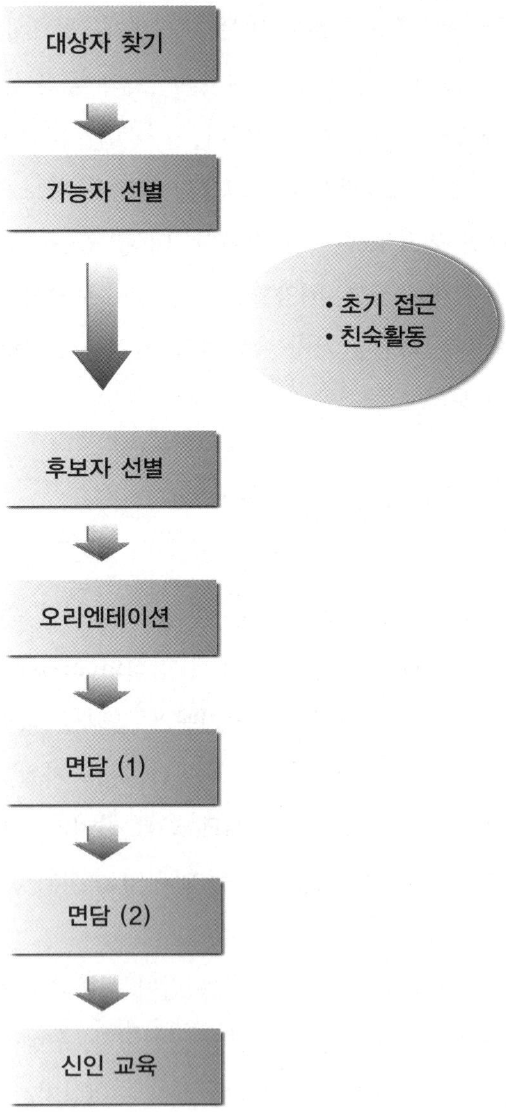

원이 될 때까지 단계별로 접근하는 방법, 즉 리크루팅 플로를 지키는 것이 중요하다.

Key Point 리크루팅의 두 가지 접근방법

패스트 푸드 방법	슬로 푸드 방법
부실 사원 조기 탈락 신인 양산	우량 사원 경쟁력 있는 신인 도입

리크루팅에도 단계가 있다

비아그라 이야기

발기부전 치료제 비아그라와 관련된 유머가 있다.

1. 비아그라를 먹을 때는 가급적 빨리 삼켜야 한다고 한다. 왜? (답) 천천히 먹으면 목이 뻣뻣해지니까.
2. 비아그라를 가득 실은 트럭이 한강물에 빠졌다. 무슨 일이 일어날까? (답) 교각들이 들고 일어난다.
3. 참새가 비아그라를 먹으면? (답) 이 참새가 겁이 없어져 헬리콥터를 쫓아다닌다.

비아그라를 개발한 화이자 제약은 비아그라로 인해 세계적으로 떼돈을 벌고 있다. 그래서 다른 제약회사들도 이와 비슷한 제품을 만들기 위해 혈안이 되어 있다. 만약 다음과 같은 제품이 나오면 이름을 뭐라고 할까?

1. 불임부부를 위한 기적적인 임신 촉진제가 나오면 그 이름은? (답) 애배그라.
2. 밥을 못 먹는 거식증 환자를 위한 치료제의 이름은? (답) 밥먹그라.
3. 자녀의 성적을 쑥쑥 올려주는 두뇌 활성제가 나오면 그 이름은? (답) 올리그라.
4. 저녁에 잠을 못 자는 사람을 위한 불면증 치료제는? (답) 잠자그라.

그런데 비아그라에도 6가지 단계가 있다고 한다. 그 6가지 단계를 아는가?

첫 번째 단계 : 비아그라(일단 비아그라를 사서 먹어라) 두 번째 단계 : 일나그라. 세번째 단계 : 커지그라. 네 번째 단계 : 세지그라. 다섯 번째 단계 : 합치그라. 마지막 단계 : 끝내그라.

비아그라와 리크루팅

한 가지 재미있는 점은 비아그라와 리크루팅 사이에도 공통점이 있다는 것이다. 비아그라에 6가지 단계가 있는 것처럼 리크루팅에도 6가지 단계가 있다. 그 공통점은 이렇다.

먼저 첫 번째 단계는 비아그라를 상품으로 구입하는 것이다. 리크루팅도 마찬가지로 첫 번째 단계가 리크루팅을 하나의 상품으로 접근해야 한다는 것이다. 리크루팅도 내가 팔아야 하는 하나의 상품으로 생각해야 한다는 말이다.

두 번째는 일나그라 단계이다. 리크루팅이 성공하려면 조직 분위기가 긍정적으로 일어나야 한다. 즉 리크루팅 대상자를 소개해주는 분위기가 살아야 한다는 말이다. 따라서 리크루팅에 성공하려면 사원들이 적극적으로 리크루팅 대상자를 소개해주는 분위기를 만드는 일이 중요하다.

세 번째는 커지그라 단계이다. 리크루팅에 성공하려면 리크루팅 대상자를 찾아야 한다. 즉 리크루팅 대상자 확보량이 많아야 한다는 것이다. 네 번째는 세지그라 단계이다. 리크루팅에 성공하려면 대상자에서 가능자, 후보자를 찾아내야 한다. 즉 우량 자원을 찾아내야 조직 파워가 세지는 것이다.

다섯 번째는 합치그라 단계이다. 리크루팅 후보자에 대한 상담과 면담하는 과정에서 사원들과 매니저가 힘을 합쳐야 한다. 사원 따로 매니저 따로 행동하는 것이 아니라 사원과 매니저가 서로 힘을 합쳐 최선을 다해야 리크루팅에 성공할 수 있다는 것이다. 마지막으로 끝내그라 단계이다. 리크루팅은 이러한 과정을 거쳐야 양질의 우량 사원을 신인으로 도입할 수 있다.

단계를 무시하지 마라

리크루팅을 성공적으로 수행하기 위해서는 위에서 언급한 6가지 과정을 무시하면 안 된다. 꼭 순서에 따라 리크루팅이 이루어지는 것은 아니지만 위의 단계를 충실하게 수행할 때 경쟁력 있는 양질의 사원을 도입할 수 있기 때문이다. 이 과정을 충실히 하는 것이 바로 배양 도입 방법이다.

Key Point 비아그라와 리크루팅의 6가지 단계

1. 비아그라
2. 일나그라
3. 커지그라
4. 세지그라
5. 합치그라
6. 끝내그라

1. 리크루팅
2. 긍정적 분위기 조성
3. 대상자 소개받기
4. 후보자 찾기
5. 상담, 면담(사원+매니저)
6. 신인 도입

'빨리빨리' 가 문제다

'빨리빨리' 증후군

외국인들이 많은 아시아 사람들 가운데 한국인을 금방 알아보는 방법이 하나 있다고 한다. '빨리빨리' 라고 말하는 사람은 거의 한국 사람이라고 한다. 언제부터인가 '빨리빨리' 가 우리를 대표하는 특징이 되어버렸다.

'빨리빨리' 는 우리에게 좋은 영향과 나쁜 영향을 동시에 주고 있다. 나쁜 영향이란 무슨 일이든 대충 하는 습관이다. 차근차근 꼼꼼히 해야 하는 일에도 무조건 속도를 낸다. 건물을 지을 때 기본 구조를 튼튼히 하는 일을 가장 중요하게 여겨야 함에도 불구하고 대충대충 빨리 짓고 보는 것이다. 그 대표적인 경우가 지금도 기억이 생생한 삼풍백화점, 성수대교의 붕괴를 들 수 있다.

반대로 '빨리빨리' 가 좋은 영향을 미친 경우도 있다. 우리나라가 인터넷 강국이 된 기초가 '빨리빨리' 를 좋아하는 국민성 때문이라고 한다.

모든 현상에는 좋은 점과 나쁜 점이 있게 마련이다. 그러나 리크루팅을 풀어갈 때 '빨리빨리'를 외치는 일은 이제 없어야 할 것이다. 옛날의 리크루팅 방식이 빨리빨리 스타일이었다. 좌우지간 빨리 데려와야 한다는 식이었다. 그 결과 삼풍백화점이 무너지고 성수대교가 무너졌듯이 대량 도입, 대량 탈락이라는 악순환을 겪으면서 조직 부실화를 만들지 않았던가.

중간 단계가 없다

지금도 리크루팅에서 '빨리빨리'를 외치는 매니저들이 있다. 다음달 빨리 한 명을 도입해야 한다는 것이다. 이런 매니저들이 항상 입에 달고 사는 말이 "나 죽은 다음에 리크루팅할래?"이다. 기다릴 수 없다는 말이다. 내가 있을 때 빨리 리크루팅을 하라는 말이다.

이렇게 '빨리빨리'를 외치는 매니저들을 보면 리크루팅에 대한 과정관리가 없다. 리크루팅 대상자를 찾는 과정도 없고, 리크루팅 대상자를 배양하는 과정도 없다. 그저 허공에다 대고 '빨리빨리'만 외칠 뿐이다.

그러나 가만히 생각해보라. 리크루팅 대상자를 찾지 못하는데 어디서 리크루팅을 하겠는가? 리크루팅 대상자를 찾아내고 그 중에서 리크루팅 가능자를 골라내고, 다시 상담하고 면담하는 활동을 통해서 후보자를 찾는 중간 활동이 없었는데 어떻게 리크루팅을 하겠는가? '빨리빨리' 만 외칠 일이 아니다.

기본으로 돌아가라

우리 속담에 '바늘 허리에 실 묶어 못 쓴다' 라는 말이 있다. 아무리 급하더라도 대충 할 수 없다는 말이다. 특히 리크루팅에 있어서 이 말은 만고불변의 진리이다. 아무리 급하더라도 '빨리빨리' 를 외친다고 리크루팅을 할 수 있는 것이 아니기 때문이다.

조직을 빨리 키우고 싶으면 기본으로 돌아가라. 양질의 신인, 우량 신인을 도입하고자 한다면 기본 활동에 활동력을 집중하라. 대상자를 찾고, 그 중에서 가능자를 골라내고, 상담하고 면담하는 활동을 통해서 후보자를 선별하는 기본 과정에 모든 활동력을 집중해야 한다. 그래야 조직이 빨리 일어난다. '기본으로 돌아가라.' 이 말을 잊지 마라.

Key Point 리크루팅의 3대 기본 원칙

대상자 찾기	배양활동	면담활동
50%	30%	20%

헤드헌터를 벤치마킹하라

헤드헌터와 리크루팅

헤드헌터란 고급 인력을 발굴, 관리하여 필요로 하는 업체에 연결해주는 일을 하는 사람을 말한다. 인력 데이터베이스를 구축해놓고, 과학적으로 분석 관리하면서 인력활용도를 극대화시키는 일을 한다. 즉 고급 인력을 체계적으로 관리하고, 고급 인력에게는 능력에 맞는 대우를 받으면서 실력을 발휘할 수 있게 해주는 사람이다.

헤드헌터들은 유능한 후보자, 적임자를 찾아내면 그에게 왜 이직을 해야 하는지, 이직하면 어떤 좋은 점이 있는지, 전망은 어떤지, 앞으로 경력관리는 어떻게 해야 하는지 등을 자세히 설명해준다. 이른바 경력관리 지도를 그려주는 것이다.

이러한 헤드헌터의 업무흐름을 보면 우리의 리크루팅 과정과 흡사하다. 우선 유능한 후보자를 발굴해야 하는 일이 우량 자원을 찾아내야 하는 리크루팅 과정과 똑같다. 또 후보자의 데이터베이스를 구축하고 체계적으로 관리하는 일이 리크루팅 대상자풀(pool)제를 운영하면서 체계적으로 후보자를 발굴하는 우리의 일과 같다.

마지막으로 유능한 후보자에게 능력에 맞는 대우를 받으면서 실력을 발휘할 수 있도록 정확한 경력관리 방안을 제시하는 일이 리크루팅 후보자에게 왜 우리 일을 해야 하는지 컨설팅하는 과정과 흡사하다.

수많은 고객카드가 있다

헤드헌터에게 가장 중요한 일은 우수한 후보자를 발굴하는 일이다. 유능한 인재를 얼마나 많이 확보하고 있느냐가 헤드헌터에게는 곧 생명과 같다. 그래서 그들은 유능한 인재를 확보하는 일에 총력을 기울인다. 한번 확보한 인력은 데이터베이스 시스템에 입력하여 철저하게 관리한다.

그들에게는 수많은 고객카드가 있다. 현직에 있는 사람, 명예퇴직한 사람, 다른 직장으로 이직한 사람 등으로 구분해서 고객카드를 관리한다.

현직에 있는 사람은 앞으로 일자리를 옮길 가능성이 있는 사람이다. 우리가 말하는 리크루팅 가능자와 같은 사람이다. 명예퇴직한 사람은 빠른 시일 내에 일자리를 만들어줘야 할 사람이다. 이 사람은 우리의 리크루팅 후보자와 같은 사람이다. 자기가 다른 직장을 소개해준 이직한 사람은 미래 고객이라고 한다. 앞으로 또 옮길 가능성이 있는 사람이라는 것이다.

그들에게는 모두가 가능성 있는 고객이다. 누구나 앞으로 상황이 변한다면 자신의 고객이 될 수 있기에 어느 한 사람 소홀히 하는 경우가 없다.

네트워크가 생명이다

헤드헌터로 성공하려면 여러 가지 요건이 필요하다. 승부근성, 커뮤니케이션 능력, 조정력, 협상력, 인내력 등을 필요로 한다. 그러나 이보다 더 먼저 요구되는 요건이 하나 있다. 바로 네트워크 능력이다. 거래하는 기업체에 대한 관리, 유능한 인재에 대한 관리 등이 무엇보다 중요하다. 그래서 그들은 주기적으로 만나서 정보를 수집하기도 하고 또 최근 정보를 제공하는 등 네트워크 관리에 활동력을 집중한다.

헤드헌터를 벤치마킹하라. 먼저 헤드헌터가 우수한 자원을 찾기 위해서 어떤 노력을 하는지 그 방법을 벤치마킹하라. 거기서 우수한 리크루팅 자원을 찾는 노하우를 배울 수 있을 것이다. 다음으로 보유한 자원을 주기적으로 만나면서 어떻게 인적 네트워크를 형성하는지 그 방법을 벤치마킹하라. 우리가 리크루팅 자원을 배양하는 노하우를 찾을 수 있을 것이다.

헤드헌터와 세일즈 매니저는 일하는 분야만 다를 뿐이지 하는 일은 똑같다. 즉 우수한 자원을 발굴해서 네트워크를 형성하고 관리하여 양질의 인재를 도입하는 일을 한다는 점에서 똑같다고 할 수 있다.

Key Point 헤드헌터와 리크루팅

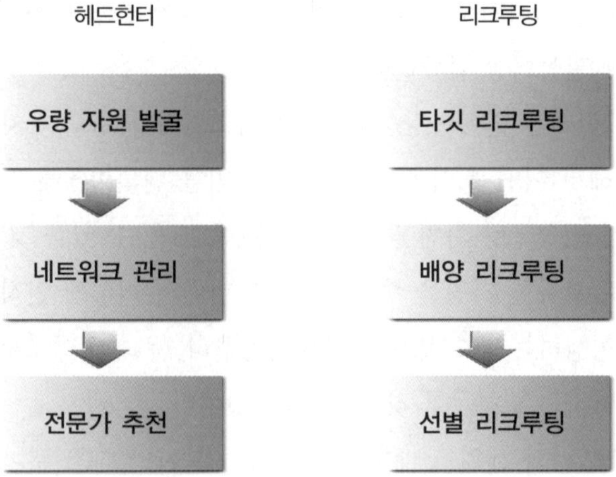

4 장

리크루팅 대상자 찾기

이것이 핵심 노하우다

무엇이 가장 중요한가

리크루팅에서 가장 중요한 것은 무엇인가? 리크루팅을 잘 하려면 가장 먼저 해결해야 하는 것이 무엇인가? 정답은 리크루팅 대상자를 찾는 일이다. 리크루팅 대상자를 찾아야 면담도 할 수 있고, 궁극적으로 신입사원을 유치하는 단계에까지 이를 수 있다. 그러나 대부분의 사람들은 가장 기초적이고 가장 중요한 리크루팅 대상자 찾는 일에서부터 실패하고 있다. 첫 단추를 꿰는 일부터 실패하니 당연히 입에서 나오는 소리는 리크루팅할 사람이 없다는 넋두리뿐이다.

왜 그럴까? 감각적으로 임하기 때문이다. 막연하게 임하기 때문이다. 구체적으로 어떻게 리크루팅 대상자를 찾아야 할 것인지 그 방법을 모르기 때문이다. 주먹구구식으로 자기 주변 사람만 생각하니 마땅한 사람이 보이지도 않을 뿐더러, 만약 찾았다 하더라도 고작 한두 명에 그치고 마는 것이다. 하지만 리크루팅이 한두 명 했다고 해서 다 끝났다고 손을 털 수 있는 일이던가? 리크루팅은 다다익선(多多益善)이라고 했다. 많으면 많을수록 좋다는 말이다.

혹자는 이렇게 말한다. "세일즈에서 리크루팅만 잘 하면 여기보다 더 좋은 천국이 없고, 리크루팅을 못 하면 여기보다 더 괴로운 지옥이 없다." 세일즈에서는 리크루팅만 많이 하면 만사형통이라는 말이다.

문제는 리크루팅 대상자를 어디서, 어떻게 찾느냐이다. 누울 자리가 있어야 다리를 뻗을 수 있다고, 대상자를 찾아야 무엇을 하더라도 할 것 아닌가?

자원은 사원으로부터 나온다

리크루팅을 잘 하기 위해서 이것 하나만은 반드시 기억하라. 리크루팅 자원은 사원으로부터 나온다. 이것이 리크루팅을 풀어가는 핵심 노하우이다. 리크루팅을 혼자서 하려고 애쓰지 마라. 혼자서 리크루팅을 풀어가려고 하는 사람들은 백발백중 실패하고 만다.

지금부터는 리크루팅 대상자를 찾는 방법을 이렇게 바꿔보라. 사원들에게 이름 석 자만 소개해달라고 부탁하라. 더 이상은 요구하지 마라. 더 많은 것을 바라지도 마라. 사원들이 이름 석 자만 가르쳐주면 '고맙습니다' 라고 말하고 다음부터는 내가 알아서 할 테니 걱정하지 말라고 하라.

솔직히 말해서 사원들은 리크루팅을 해야 할 이유가 없다. 아니, 사원들은 리크루팅에 임하는 자세가 당신만큼 그렇게 절박하지도 않다. 그러니 사원들이 죽기 살기로 리크루팅에 임하겠는가? 이런 사원들에게 리크루팅 대상자를 소개해주고, 그 대상자를 설득해서 데려오라고 한다면 그들이 팔 걷어붙이고 적극적으로 나서겠는가? 그런데 지금까지는 이렇게 해왔다. 이런 식으로 사원들이 다 설득해서 데려오기만 기다렸다. 그렇기 때문에 리크루팅을 제대로 풀어가지 못했던 것이다.

그러나 이제부터는 사원들로부터 이름 석 자만 소개받아라. 그 이상은 요구하지 마라. 그 이상을 요구하면 리크루팅은 실패한다. 리크루팅 대상자 이름 석 자만 가르쳐줘도 사원들이 할 일은 다 한 것이다. 그 다음은 당신이 어떻게 하느냐에 달려 있다.

배양은 당신 몫이다

사원들로부터 리크루팅 대상자 이름을 소개받았으면 그 다음에 배양하고 면담하는 과정은 당신이 해야 할 일이다. 사원들로부터 소개받은 사람에 대해 리크루팅 가능성을 타진하고, 정보를 입수하고, 친숙활동을 하는 일련의 배양활동은 당신이 해야 하는 일이다. 그런데 지금까지는 이런 일들을 사원들에게 하도록 강요했다. 즉 당신이 해야 할 일들을 사원들에게 하라고 했으니 리크루팅이 제대로 풀릴 수 있었겠는가.

리크루팅을 잘 풀어가는 핵심 노하우는 자원소개는 사원으로부터, 그 다음 배양활동은 당신이 해야 한다는 사실이다. 이 사실에서 벗어나지 마라. 자원소개를 사원으로부터 이끌어내지 못해도 리크루팅은 실패하고, 설사 자원소개를 사원으로부터 이끌어냈다 하더라도 배양활동을 당신이 하지 않고 기존의 방법대로 사원들에게 전가한다면 리크루팅은 실패하게 되어 있다.

리크루팅에 성공하려면 이 한 가지 생각만 잊지 말자. 사원들은 이름 석 자만 소개해주면 된다. 소개받은 리크루팅 대상자를 배양하는 일은 내가 한다. 이 생각만 잊지 않는다면 리크루팅이 술술 풀려가기 시작할 것이다.

Key Point 리크루팅 성공 핵심 노하우

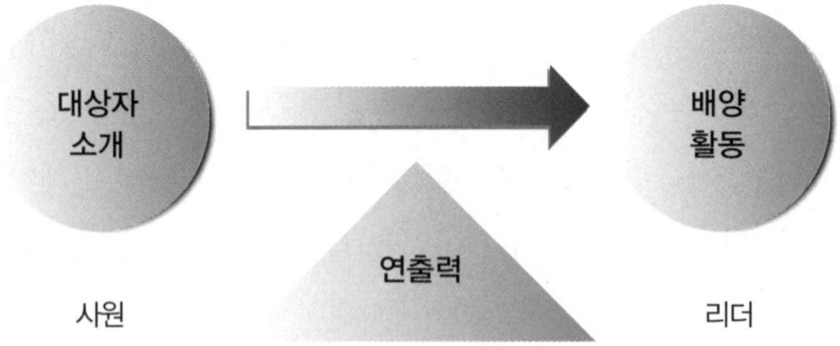

후보자가 아니라 대상자를 찾아라

골라내지 마라

대부분의 사원들이 입버릇처럼 리크루팅할 사람이 없다고 말한다. 주변에 활동할 만한 사람이 없다고 말한다. 그러나 그들이 리크루팅에 임하는 것을 가만히 들여다보면 리크루팅 대상자가 없는 것이 아니다. 다만 후보자가 없을 뿐이다. 그들은 주변에 많은 사람들이 있음에도 불구하고 리크루팅 대상자를 찾으려고 하는 것이 아니라 리크루팅 후보자를 찾으려고 하는 것이다.

그들이 왜 리크루팅 대상자가 없다고 말하는가? 그 이유는 단 한 가지, 그들이 자기 나름대로 기준을 정해놓고 리크루팅 대상자를 골라내기 때문이다. 이 사람은 이래서 안 되고, 저 사람은 저래서 안 되고 하는 식으로 말이다. 그러다 보니 리크루팅 대상자가 없다. 주변에 활동할 사람이 없는 것은 당연한 일이다.

리크루팅에 임할 때 가장 먼저 고쳐주어야 할 것은 사원들이 리크루팅 대상자를 골라내지 못하도록 하는 것이다. 이런저런 이유와 핑계로 대상자를 골라내면 리크루팅할 자원이 없어진다.

누구를 찾을 것인가

리크루팅 하면 사원들이 가장 먼저 떠올리는 사람이 리크루팅 후보자이다. 리크루팅 대상자를 생각하는 것이 아니라 리크루팅 후보자를 먼저 생각하는 것이다. 여기서부터 잘못되었다.

리크루팅 대상자란 지금 당장 활동할 사람이 아니다. 지금 당장은 활동하기가 어려울 것 같아 보이는 사람이 리크루팅 대상자이다. 다른 직장에서 활동하고 있는 사람, 임신하여 배가 남산만 해진 사람, 세일즈에 부정적인 생각을 가지고 있는 사람 등 지금 당장 활동하기에 어려워 보이는 사람들이 리크루팅 대상자이다.

사원들은 이런 사람들은 리크루팅할 사람이 아니라고 자기 나름대로 기준을 정해놓고 골라내버린다. 반면에 리크루팅 후보자란 지금 당장 면접이 가능하고, 다음달 곧바로 교육에 참석할 수 있는 사람을 말한다. 사원들이 찾고 있는 사람은 바로 이런 사람들이다. 사원들은 리크루팅 대상자를 찾는 것이 아니라 리크루팅 후보자를 찾고 있는 것이다.

후보자가 아니라 대상자를 찾아라

리크루팅 후보자를 찾아서는 안 된다. 리크루팅 후보자를 찾기 때문에 리크루팅이 안 되는 것이다. 지금부터는 보는 관점을 바꾸어보라. 리크루팅 후보자가 아니라 리크루팅 대상자를 찾아야 한다. 지금 당장은 활동 가능성이 없어 보이는 사람을 집중적으로 찾아라. 이것이 바로 리크루팅의 비결이다.

선입관을 가지고 골라내지 말고, 활동 가능성 여부를 떠나서 주변에 있는 사람들 이름만 소개해달라고 하라. 그러면 사원 1인당 적어도 10명 이상은 이름을 적을 수 있다. 리크루팅 후보자가 아니라 리크루팅 대상자를 집중적으로 찾아야 리크루팅을 잘 할 수 있다.

Key Point 후보자가 아니라 대상자를 집중적으로 찾아라

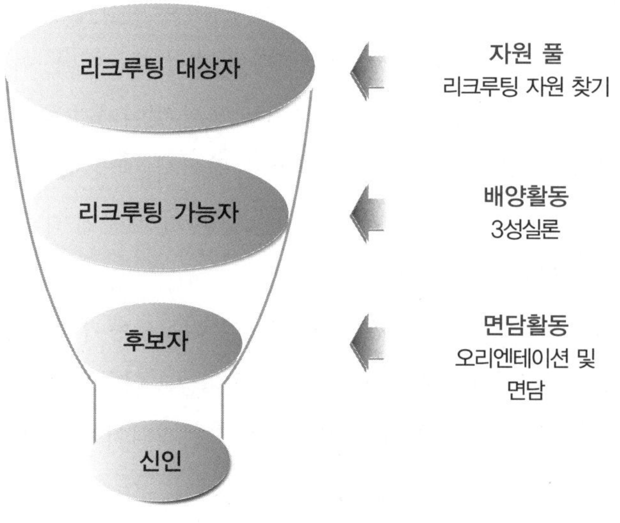

3개월의 기간이 필요하다

왜 후보자를 찾는가

왜 대부분의 사람들이 리크루팅 대상자를 찾는 것이 아니라 리크루팅 후보자를 찾는 것일까? 그것은 지금 당장 급하기 때문이다. 지금 당장 신인을 도입해야 한다는 생각 때문이다. 이런 모습을 보면 아직도 예전의 리크루팅 방식에서 벗어나지 못했음을 알게 된다. 평상시 리크루팅 대상자를 찾아서 배양하고 면담하는 과정이 없이 지금 당장 활동할 사람을 찾기 때문에 대상자가 아니라 후보자를 찾는 것이다.

아무리 급하다 해도 배양활동 없이는 리크루팅이란 있을 수 없다. 먼저 리크루팅 대상자를 찾아야 하고, 그 다음 단계로 배양하고 면담하는 과정을 통해서 리크루팅이 전개되어야 한다. 그래야 우량 자원이 도입될 수 있다.

멀리, 길게 보라

가장 중요한 것은 리크루팅 대상자를 찾는 일이다. 리크루팅 대상자를 찾는 일은 지금 당장을 위한 활동이 아니다. 지금 찾는 리크루팅 대상자가 우리 식구가 될 때까지는 빠르면 3개월, 아니면 6개월, 아니 1년이 더 걸릴지도 모른다.

문제는 어디에 중점을 두느냐에 달렸다. 지금 당장 활동할 사람을 찾느냐, 아니면 앞으로 활동 가능성이 있는 사람을 찾느냐 하는 문제다. 지금 당장 활동할 사람을 찾는 방법은 예전의 리크루팅 방법이었다. 예전에는 평상시 리크루팅 대상자를 찾는 방법이 없었다. 배양활동이라는 것도 없었다. 그저 아무나 데려오기만 하면 되는 방식이었다.

그러나 지금은 달라졌다. 선별 도입, 우량 자원을 도입해야 하는 것이 지금의 리크루팅 방법이다. 그 저변에는 배양 도입이라는 개념이 숨어 있다.

선별 도입, 우량 자원을 도입하기 위해서는 멀리, 길게 보라. 지금 당장이 아니라 내일을 보고 활동하는 방식으로 리크루팅 방법이 바뀌어야 한다.

3개월 앞을 보라

왜 이번달 리크루팅이 부진했는가? 그 이유는 3개월 전에 리크루팅 대상자 찾는 일에 소홀했기 때문이다. 리크루팅 대상자를 찾아서 배양하고 면담하는 과정을 거치는 데 적어도 3개월의 기간이 필요한데, 그 첫 번째 단계인 리크루팅 대상자를 찾는 단계에서 소홀했기 때문에 이번달 리크루팅이 실패하게 된 것이다. 만약 이번달에도 리크루팅 대상자 찾는 일을 소홀히 한다면 앞으로 3개월 후에 또다시 리크루팅에 실패하게 될 것이다.

명심하라. 리크루팅은 적어도 3개월의 기간을 필요로 한다. 대상자를 찾아 신입사원이 되도록 하기까지는 적어도 3개월이 필요하다. 지금 찾는 리크루팅 대상자는 빨라야 3개월 후에 우리 식구가 될 사람이라는 사실을 잊지 마라.

Key Point 리크루팅 활동 3개월 이론

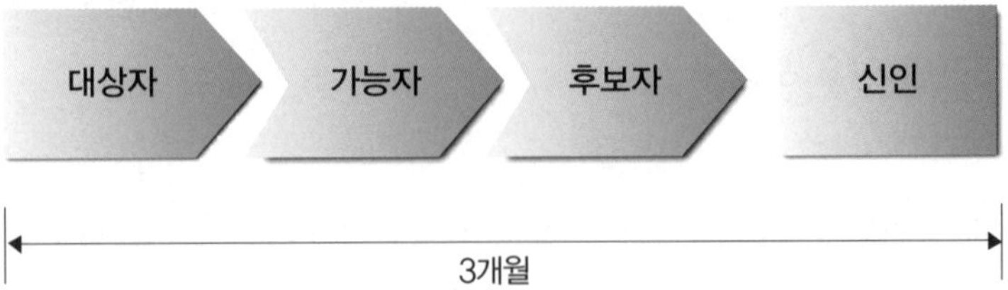

이런 사람을 찾아라

누굴 찾는가

"옛말에 집안이 잘 되려면 며느리가 잘 들어와야 한다고 했어요. 그 말이 딱 맞아요. 영업이 잘 되려면 신인이 잘 들어와야 해요." 한 세일즈 매니저가 하는 말이다.

일어탁수(一魚濁水)라는 말이 있다. 한 마리의 물고기가 연못 전체를 흐리게 만든다는 뜻이다. 신인 한 사람 잘못 들어오면 기존 사원 전체가 피해를 입게 된다. 그래서 신인을 도입할 때는 우량 자원, 불량 자원 선별을 잘 해야 한다. 어떤 신인이 들어오느냐에 따라 조직에 시너지 효과가 나타나느냐, 아니면 마이너스 효과가 나타나느냐가 결정되기 때문이다.

근묵자흑(近墨者黑)이라는 말도 있다. 먹을 가까이 하면 자신도 모르게 검어진다는 말이다. 긍정적인 사람을 가까이 하면 자신도 긍정적인 사람이 되고, 부정적인 사람과 같이 하면 자신도 같이 부정적이게 된다는 말이다.

영업이 잘 되게 하기 위해서는 긍정적이고 적극적인 신인을 찾아야 한다. 긍정적이고 적극적인 사람은 조직에 긍정적인 영향을 주지만, 부정적이고 소극적인 사람은 일에 대한 의욕을 꺾기 때문이다.

한 사람으로 인해 조직 전체가 바뀔 수 있다

"우리가 찾는 사람은 바로 이런 사람이에요. 이 사람이 들어온 후 우리 조직이 180도 바뀌었다니까요." 한 세일즈 매니저가 들려주는 리크루팅 성공 사례이다. 신인 한 명이 들어와 조직 전체를 변하게 만들었다는 것이다.

이 신인은 매사가 긍정적이고 적극적이었다고 한다. 칭찬해주고 격려해주는 일에 부지런하고, 불편하거나 궂은 일은 먼저 나서서 하는 스타일이었다. 또한 언제나 성공 지향적인 말만 골라 사용한다. 예를 들어 1:1 경쟁에서 지고 나면 '졌다' 라는 소극적인 말이 싫어서 "이번에는 선배가 이겼습니다. 다음에는 제가 이깁니다"라고 말한다. 매일 아침 출근하면 '오늘은 내 생애 최고의 날이 된다' 라는 암시로 자신의 신념을 강화한다.

그 사람의 이런 행동을 보면서 기존 조직도 점차 긴장감을 갖게 되었고, 그 결과 지금은 모두가 적극적으로 도전하는 분위기로 바뀌었다고 한다.

매사에 긍정적이고 적극적인 사람을 찾아라

"어느 한 사람으로 인해 조직이 어떻게 변할지는 아무도 몰라요. 며느리도 모르고 시어머니도 몰라요." 한 세일즈 매니저가 웃으며 하는 말이다. 긍정적이냐 부정적이냐, 소극적이냐 적극적이냐, 낙관적이냐 비관적이냐 등 어떤 태도와 자세를 가진 신인을 도입하느냐에 따라 조직이 달라진다. 긍정적인 조직으로 변할 수도 있고, 부정적인 조직으로 변할 수도 있다.

우리가 눈을 부릅뜨고 찾아야 할 사람은 부정적이거나 현실안주형의 사람이 아니다. 칭찬해주고 격려해주는 등 매사에 긍정적이고 성공 지향적인 사람이다.

Key Point 리크루팅에 적합한 사람

- 우리 회사에 좋은 이미지를 가지고 있는 긍정적인 사람
- 다른 회사에 다닌 경험이 있는 활동적인 사람
- 자기계발에 관심이 많은 진취적인 사람
- 넓은 집으로 이사하고자 하는 목적이 뚜렷한 사람
- 남편의 짐을 덜어주고자 하는 협조적인 사람
- 소형차라도 자기 차를 갖고자 하는 기동성 있는 사람
- 능력만큼 벌겠다는 야망이 있는 사람
- 자기 사업을 하고자 하는 독립심이 강한 사람

어떤 사람이 더 좋을까

두 부류의 사람이 있다

리크루팅 대상자를 찾을 때 두 부류의 사람이 있다. 한 부류의 사람은 현재 무엇인가 일을 하고 있는 사람이고, 다른 부류의 사람은 집에서 빈둥빈둥 놀고 있는 사람이다. 그러면 이 두 부류의 사람 중에 어떤 사람이 리크루팅에 더 적합할까?

대부분의 사람들은 리크루팅 대상자를 찾을 때 집에서 놀고 있는 사람을 먼저 떠올린다. 현재 무엇인가 일을 하고 있는 사람은 우리 식구가 될 사람이 아니라고 생각한다. 반면에 놀고 있는 사람은 무엇인가 일이 필요하지 않겠느냐는 생각에서이다.

그러나 집에서 빈둥빈둥 놀고 있는 사람을 찾아서는 안 된다. 예전의 리크루팅 방법으로는 집에서 놀고 있는 사람을 찾는 것이 정답이었다. 그러나 지금은 집에서 빈둥빈둥 놀고 있는 사람을 찾으면 안 된다. 오히려 무엇인가 일을 하고 있는 사람을 집중적으로 찾아야 한다.

백조들을 괴롭히지 마라

왜 그런지 그 이유를 한번 들어보라. 남자가 허구한 날 집에서 빈둥빈둥 놀고 있는 사람을 우리는 백수라고 한다. 여자가 허구한 날 집에서 빈둥빈둥 놀고 있는 사람을 우리는 백조라고 한다. 그러나 이 백조들을 보라. 무엇이 바쁜지 우리보다 더 바쁘다. 날마다 '바쁘다, 바빠' 라는 말을 입에 달고 산다.

그러면 무엇이 그리 바쁜지 그들의 하루 일과를 들여다보라. 이 백조들은 남편이 출근하고 나면 가장 먼저 오른손에 드는 것이 있다. 바로 TV 리모컨이다. 남편이 출근하면 아침 드라마부터 본다. 드라마가 끝나면 채널을 이리 돌리고 저리 돌리다가 홈쇼핑에 눈길이 머문다. 홈쇼핑도 다 끝나고 나면 옆집에 있는 백조에게 전화를 걸어 점심을 어떻게 할 것이냐고 묻는다. 그러면서 '바쁘다, 바쁘다' 를 입에 달고 산다.

이런 사람에게 같이 활동해보자고 해보라. 그러면 십중팔구 '난 세일즈는 못 해', '남편이 반대해', '애들이 너무 어려서', '시어머니 때문에 안 돼' 라는 핑계를 대며 거절한다. 이런 사람을 어렵게 설득해서 우리 식구로 만들었다 해도 3개월도 활동하지 못한 채 '여기는 내 적성에 안 맞아' 라면서 그만두고 집으로 돌아간다.

백조들을 괴롭히지 마라. 백조들은 무엇을 한다 하더라도 할 수 있는 일이 하나도 없다. 우리가 찾고자 하는 사람은 긍정적이고 적극적인 사람이다. 근성이 게으르고 부정적인 사람을 찾는 것이 아니다.

일하는 사람을 찾아라

이제부터는 시선을 한번 바꿔보자. 놀고 있는 사람을 찾는 것이 아니라 무엇인가 일을 하고 있는 사람에게로 시선을 돌리는 것이다.

현재 일을 하고 있는 사람은 세일즈에 대한 거부반응이 없다. 남편에게 허락받을 일도 없다. 아이들 문제도 어떤 형태로든 다 해결해놓았다. 시어머니 눈치 볼 일도 없다. 그러나 한 가지 문제가 있다. 현재 하고 있는 일이 잘 될 때는 우리에게 올 사람이 아무도 없다는 것이 문제이다.

지금 당장을 보면 이 사람이 우리 식구가 될 수는 없을 것이다. 그러나 길게 보면서 이런 사람들과 친분관계를 쌓는 데 주력하면 하는 일이 조금만 삐끗할 경우 우리 식구가 되는 것은 시간문제이다.

우리가 리크루팅하고자 하는 사람은 도전적이고 진취적인 사람이다. 이런 사람들이 집에서 놀고 있는 경우는 거의 없다. 이런 사람들은 어떤 형태로든 무엇인가 일을 하고 있다.

오늘 당장을 보지 말고 길게, 멀리 보고 리크루팅에 임한다면 집에서 놀고 있는 사람을 찾으려 하기보다는 현재 일하고 있는 사람을 집중적으로 찾아서 친분관계를 쌓는 데 주력하는 것이 훨씬 쉬운 리크루팅 방법이다.

Key Point 어떤 사람이 더 좋을까

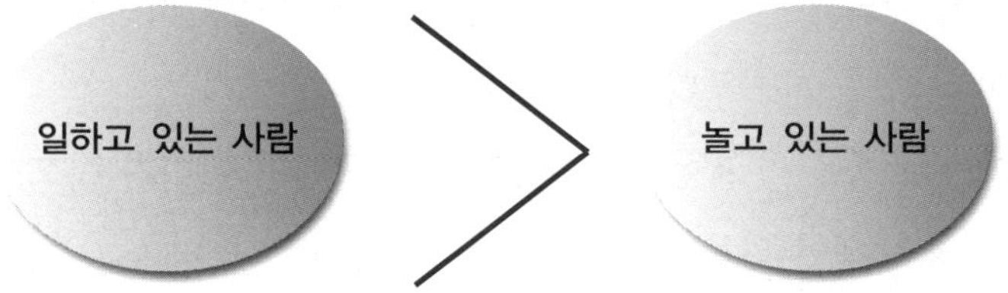

맥을 제대로 짚어라

분명히 맥이 있다

우리 속담에 '맥도 모르면서 침통 흔든다'는 말이 있다. 제대로 알지도 못하면서 환자를 고치겠다고 덤빈다는 말이다. 우리는 이런 사람을 일컬어 '돌팔이 의사'라고 한다.

세일즈 매니저들도 돌팔이 의사와 비슷한 사람들이 많다. 리크루팅에 임하는 것을 보면 특히 그렇다. 맥도 모르면서 환자를 고치겠다고 무작정 덤비는 돌팔이 의사처럼 리크루팅 대상자를 찾는 맥도 모르면서 무작정 리크루팅하겠다고 덤비는 세일즈 매니저들이 많다. 무모하기 짝이 없는 사람들이다. 그러면서 리크루팅이 어렵다, 리크루팅이 안 된다고 불평불만이다.

명의는 맥을 잘 짚는다. 맥만 짚고도 환자가 어디가 아프고 어떤 처방을 해야 하는지 잘 아는 사람이다. 리크루팅을 잘 하는 사람은 리크루팅의 맥을 잘 아는 사람이다. 프로 매니저란 리크루팅 대상자를 찾는 맥을 귀신같이 아는 사람들이다.

금광에는 금맥이 있다. 금맥을 알아야 노다지를 캘 수 있고 돈방석에 앉을 수 있다. 금맥도 모른 채 아무 데나 파헤친다면 모두 그 사람을 무모한 사람이라고 할 것이다. 노력과 수고가 헛될 뿐이기 때문이다. 우물을 파려면 수맥을 알아야 한다. 정확하게 물이 어디로 흐르는지 알아야 한다는 말이다. 그래야 실수 없이 단번에 물이 나오는 곳에 우물을 팔 수 있다.

리크루팅을 하려면 리크루팅 맥을 알아야 한다. 리크루팅 대상자를 찾는 맥을 정확히 알고 있어야 한다.

리크루팅 맥은 어디에 있을까

리크루팅 대상자를 찾는 맥은 어디에 있을까? 바로 사원들에게 있다. 사원들에게는 리크루팅 자원의 3대 맥이 숨어 있다.

언젠가 사원들을 상대로 설문조사를 해보았다. 리크루팅 대상자를 소개해줄 때 주로 어떤 사람을 소개해주느냐고 물었더니 다음과 같이 대답했다.

이웃 사람을 소개해주는 경우가 36%, 친구를 소개해주는 경우가 23%, 고객을 소개해주는 경우가 21%, 친인척을 소개해주는 경우가 10%, 전에 다니던 직장 동료를 소개해주는 경우가 10% 등이었다.

이 조사자료를 보면 100명 중 80명 이상이 주로 이웃 사람, 친구, 고객을 소개해주고 있었다. 그렇다. 이 세 부류의 사람이 바로 리크루팅 대상자를 찾는 3대 맥이다.

3대 맥을 캐내라

리크루팅 대상자를 찾는 맥은 먼저 사원들로부터 리크루팅 대상자를 소개받는 일이다. 그 다음은 사원들로부터 자원을 소개받을 때 집중적으로 이웃 사람, 친구, 고객들을 중심으로 소개받는 것이다. "무조건 소개해줘" 하고 외칠 것이 아니라 사원들의 이웃 사람, 친구, 고객들을 소개받는 구체적인 방법을 연구해야 한다.

Key Point 리크루팅 자원의 3대 맥

리크루팅 자원 소개 유형

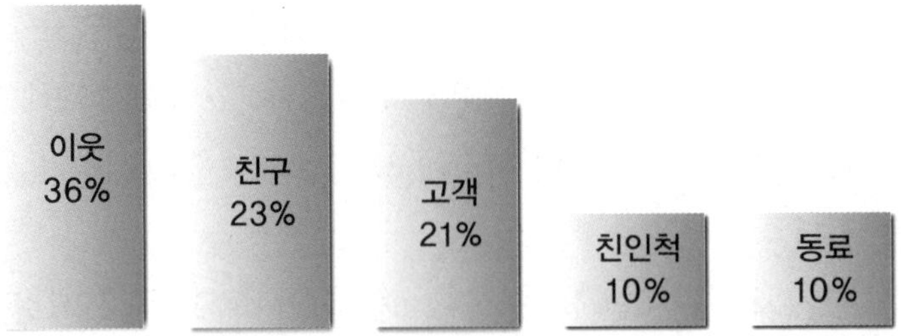

연령에 따라 소개 유형이 다르다

주 타깃은 누구인가

리크루팅 대상자를 찾는 데는 3대 맥이 있다고 한다. 사원들이 리크루팅 대상자를 소개해주는 유형을 조사해보았더니 80% 이상이 주로 이웃 사람, 친구, 고객들을 중심으로 소개해준다는 결과가 나왔다.

이 내용을 좀더 세부적으로 들여다보았다. 연령별로 어떤 현상이 일어나는지 조사해본 것이다. 그랬더니 사원들의 연령에 따라 소개해주는 리크루팅 대상자가 다르게 나타났다.

사원의 연령이 30세 미만인 경우는 주로 고객들을 소개해주고 있었고, 30~40세 사원들은 주로 친구들을 소개해주고 있었다. 35세 이상의 사원들은 주로 이웃 사람을 소개해주는 경향이 있었다.

이처럼 사원들의 연령에 따라 소개해주는 리크루팅 대상자가 다르다. 우선 30세 미만의 사원들은 아직 인생의 경륜이 짧다 보니 주변에 아는 사람이 적다. 그러니까 자연적으로 리크루팅 대상자로 소개해주는 사람이 고객들 중심으로 몰리는 것이다.

사원들의 나이가 30~40세인 경우는 가까이 지내는 친구들이 주 소개 대상자였고, 35세 이상의 경우는 주변의 아는 사람들 중심으로 소개가 이루어지고 있었다.

여기서 주목해야 할 것은 우리가 주로 리크루팅하고자 하는 연령이 30대 사람들이라는 사실이다. 따라서 30대를 선별 도입하기 위해서는 사원들의 친구와 이웃 사람들을 집중 공략 타깃으로 삼아야 한다.

이미지를 관리하라

사원들의 친구와 이웃 사람을 집중 공략하라. 그러기 위해서는 사원들에게 철저히 교육시켜야 할 것이 하나 있다. 절대로 친구들이나 이웃 사람들에게 자신의 부정적인 이미지를 심어줘서는 안 된다는 것이다.

친구들이나 이웃을 만났을 때 우리의 일에 대한 불평불만이나 할까 말까 갈등하는 모습을 보여주어서는 안 된다. 구걸판매 하는 모습을 보여서도 안 되고, 사무실에서 있었던 안 좋은 이야기를 해서도 안 된다. 이런 부정적인 모습을 보여주면 이 사람들이 우리 식구가 되는 것은 요원해지기 때문이다.

대신 친구들이나 이웃 사람들에게 긍정적인 이미지를 심어주도록 사원들을 적극적으로 훈련시켜야 한다. 전문가로 활동하는 당당한 모습, 이마에 구슬 같은 땀을 흘리며 열심히 뛰는 모습, 시간을 금같이 1분 1초를 아껴 쓰는 적극적인 삶의 모습을 보여주어야 한다. 가정일도 적극적이고, 사회일도 적극적이고, 자기계발에도 적극적인 모습만 보여주면 된다.

굳이 설득하려고 할 필요도 없다. 열심히 활동하는 좋은 이미지만 보여주면 된다. 그럼에도 불구하고 그들이 나중에 우리 식구가 되는 이유는 이 사람들은 친구가 활동하는 모습을 항상 지켜보고 있기 때문에 어느 계기가 되면 스스로 활동하겠다고 결정하게 되는 것이다.

인적 네트워크를 만들어라

30대 사람을 리크루팅하기를 원하는가? 그럼 30대 사원들의 주변 사람을 특별 관리하라. 30대 연령층을 리크루팅하는 핵심 열쇠는 30대 사원들에게 있다.

30대 사원들의 친구나 주변 사람들을 네트워크하라. 30대 사원들의 친구나 주변 사람들은 입사 초기부터 명단을 만들어 철저하게 관리하라.

그리고 평상시 친분관계를 쌓는 데 주력하라. 자주 전화하고, 자주 만나서 점심 먹고, 주기적으로 이메일을 보내는 등 친분쌓기에 주력하라.

그러면 친구를 잘 알고 있는 상황에서, 더욱이 매니저와 친분관계까지 있다면 그들이 우리 식구가 되는 것은 시간문제이지 않겠는가.

Key Point 연령별 리크루팅 대상자 소개 유형

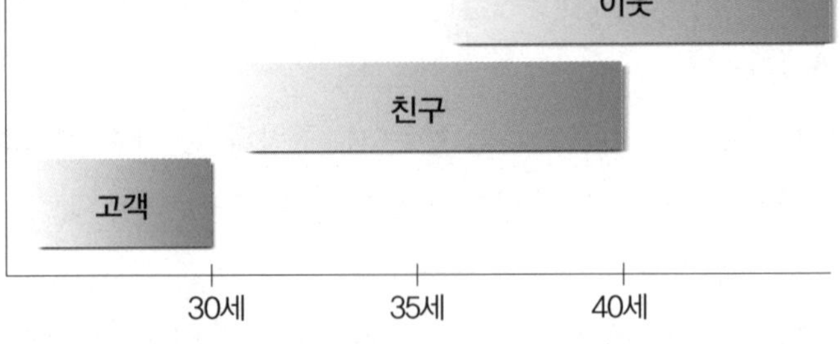

경력자를 집중 공략하라

전화상담 사례

얼마 전에 전혀 알지도 못하는 한 여성으로부터 한 통의 전화를 받았다. 수화기에서는 착 가라앉은 목소리로 "저~ 문 원장님이시죠?"라고 묻는 것이었다. "예!"라고 대답했더니, "사실 다른 사람한테 얘기하기가 좀 그래서 그러는데요, 먼저 약속 하나 하실 수 있나요?"라고 대뜸 물었다.

"뭔데요?"라고 했더니, "지금부터 저와 하는 얘기는 절대 다른 사람한테 말하면 안 돼요. 비밀로 해주실 수 있나요?"라고 했다. 그러겠다고 했더니 그 사람이 하는 얘기가 이랬다.

모 은행에 다니고 있는 과장이란다. 얼마 전에 보험회사 소장이 만나자고 해서 나갔더니 자기 회사에서 같이 일하자고 하더란다. 펄쩍 뛰었다고 한다. "여기서 잘 나가고 있는데 내가 거기를 왜 갑니까?" 하고 일언지하에 거절했다고 한다.

아마도 이 소장은 주변의 어떤 사람으로부터 자신을 소개받고 찾아온 것 같다고 한다. 얼마 지난 후 또다시 그 소장이 찾아왔더란다. 그때도 냉정하게 거절했다고 한다. 그 다음에도 그 소장이 찾아오길래 내키지 않았지만 예의상 몇 번 그 소장을 만났다고 한다.

제가 과연 잘 할 수 있을까요

그런데 지금 회사가 다시 구조조정을 한다고 한다. 지난번까지만 해도 괜찮았는데 이번에는 자기가 구조조정 대상자에 들어 있다고 하니 마음이 착잡하다고 한다. 그래서 명예퇴직을 해야 하나, 아니면 끝까지 버텨야 하나 하는 문제로 고민하고 있다는 것이다.

지난번에 보험회사 소장을 몇 번 만난 것이 생각나 이참에 보험회사로 한번 옮겨볼까 고민도 하고 있다고 한다. 그러나 이런 자신의 고민을 회사 사람들에게 얘기할 수도 없고, 주변 사람들에게 물어보니 보험회사에 대해서는 모른다고 해서 염치불구하고 전화했다는 것이다.

그러면서 마지막으로 "제가 보험회사에 가면 과연 잘 할 수 있을까요?"라고 물었다.

물론 '그렇다'고 대답해줬다. '당신 같은 사람이 오면 정말 잘 할 것이다'라는 말도 곁들여서 해주었다.

경력자를 집중 공략하라

현직에 있는 사람을 공략하라. 현재 하고 있는 일이 있으니까 그 사람이 우리 식구가 될 수 없을 것이라는 생각은 당신만의 선입관이다. 지금은 아니지만 그 사람도 언젠가는 반드시 우리 식구가 될 사람이다.

문제는 멀리 길게 보면서 그 사람과 친분을 쌓는 일이다. 오늘 당장을 보지 말고 적어도 3개월 내지 6개월 앞을 내다보고, 아니 1년 이상을 내다보고 그 사람과 친분 쌓는 일에 주력하라. 그러다가 그 사람에게 변화가 생기면, 즉 하던 일에 문제가 생기면 그 때가 바로 우리 식구가 될 수 있는 절호의 기회가 된다.

잊지 마라. 기다리면 언젠가는 반드시 그 기회가 찾아온다는 사실을…….

Key Point 경력자 공략방법

경력자 공략

1. 경력자를 리스트업(List-up)하라
2. 멀리, 길게 보라
3. 친분쌓기에 주력하라
4. 한 번 보고, 두 번 보고, 자주 만나라
5. 하던 일이 잘못되면 그때가 바로 절호의 기회다

30대여 영원하라

30대와 달걀 한 판

사람 나이 서른하고 달걀 한 판은 공통점이 있다. 둘 다 숫자 30을 뜻하고, 또 깨지기(?) 쉽다는 것이다. 요새 많이 회자되고 있는 말 중에 '삼팔선 시대' 라는 것이 있다. 이 말은 삼십팔 세까지 직장에 남아 있으면 선방했다는 뜻이란다. 그래서 요새 직장인들은 30세만 넘으면 좌불안석이다. 내일이 걱정되고 미래가 불안하기 때문이다.

20대에 얼렁뚱땅 했다면 30대는 진검승부가 필요한 시점이다. 30대는 도전의 마지막 기회이다. 부자로 사느냐, 아니면 가난하게 사느냐 하는 도전의 마지막 기회라는 말이다. 40대면 이미 늦는다.

30대는 인생에서 경제적인 필요성이 가장 절실한 시기이다. 내 집마련을 했다 하더라도 숨 돌릴 틈이 없다. 자녀의 성장속도가 무섭기 때문이다. 요즘 애들은 '돈 먹는 하마' 라고 한다. 사교육비 때문에 남편의 어깨는 점점 더 무거워지고, 엄마들은 취업전선으로 내몰리는 시점이 바로 30대이다. 실제로 '수입은 꽤 되는데 모아둔 돈이 없다' 는 게 30대의 특징이다.

월 1천 만원은 벌어야지요

리크루팅 대상자 중에서 가장 공략하기 좋은 연령층이 30대이다. 아니, 우리가 집중적으로 타깃 도입해야 하는 대상이 바로 30대이다. 30대는 인생에서 가장 다이내믹하게 생활하기 때문에 리크루팅에서 성공률이 가장 높은 연령대이다.

"30대 리크루팅 대상자를 설득할 때는 '기본적으로 월 1천만원은 받아야지요.' 이 화법이 가장 효과적이에요." 한 세일즈 매니저가 하는 말이다.

경제적으로 성공해야 한다는 니즈가 가장 두드러지는 시점이기 때문에 고소득을 강조하는 것이 이 연령대에는 가장 잘 먹힌다는 말이다. 30대에는 재무상황을 구조조정해야 할 필요성이 절실하다. 이 연령대는 재테크도 빨리 배워야 하고, 몸값도 키워야 하는 필요성이 절실한 시점이다. 그렇지 않으면 삼팔선의 희생양으로 대책없이 내몰리기 때문이다.

경제적인 문제도 해결해야 하고, 자녀들에게는 열심히 사는 모습도 보여줘야 하고, 자신의 몸값도 업그레이드시켜야 하고, 사회활동에도 적극적으로 참여해야 하고…… 이런저런 이유로 활동력이 가장 왕성할 때가 30대이다.

30대를 리스트업하라

30대를 리크루팅하는 방법은 '타깃 도입' 방법이다. 대상자를 리스트업해서 힘을 집중해야 리크루팅을 할 수 있다. 먼저 사원들과 함께 주변에 있는 30대의 리스트를 작성하라. 현재 일을 하고 있는 사람이든, 놀고 있는 사람이든 구분하지 말고 먼저 대상자를 리스트업하는 것이 가장 중요하다. 그 다음으로는 멀리, 길게 보면서 배양활동을 해야 하는 것이 이 연령대를 리크루팅하는 키 포인트이다.

Key Point 30대를 리크루팅하는 방법

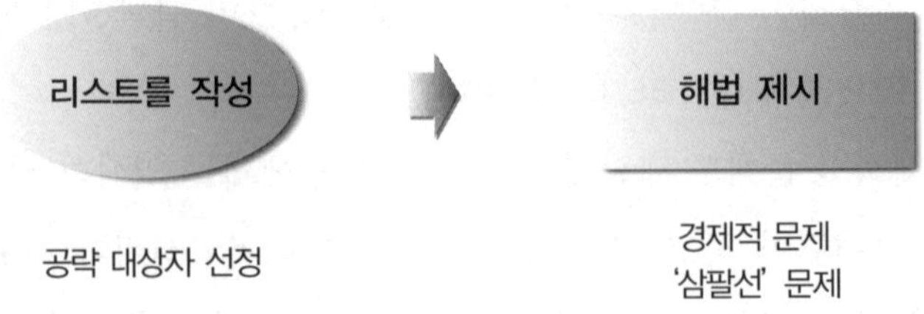

매일 리스트를 작성하라

종이에 적었더니 보이더라

"처음에는 막막하더라고요. 그래서 매일 아침 출근하면 종이에 사원들의 이름을 적기 시작했습니다. 그랬더니 방법이 보이더군요." 한 매니저가 리크루팅 성공 사례를 발표할 때 한 말이다.

이 매니저는 8명의 사원으로 시작해서 지금은 32명의 조직을 만들었다. 처음에는 어떻게 리크루팅에 접근해야 할지 몰라 막막했다고 한다. 리크루팅 대상자를 찾아야 하는데 사원들은 리크루팅에 관심도 없고, 신경 쓰는 사람도 없고, 소개해주지도 않더라는 것이다. 그래서 어느 날 아침 답답한 마음에 종이 한 장을 꺼내놓고 낙서하듯이 사원들의 이름을 하나씩 적어가기 시작했다고 한다.

다음날 아침에도, 그 다음날 아침에도 이렇게 사원들의 이름을 적었더니 어느 날엔가 사원들에게 어떻게 접근해야 하는지 그 방법이 보이기 시작했다는 것이다. 매일 아침 사원들의 이름을 적다 보니 사원들의 특성에 따라 개별적으로 접근하는 방법을 찾은 것이다. 지금까지는 앵무새처럼 리크루팅하자고 외치기만 했는데 그게 아니더란 말이다. '천편일률적인 방법에는 감동이 없다'라는 말이 갑자기 머리에 스치면서 1:1로 사원들에게 접근하는 방법을 생각해낸 것이다. 그러면서 그가 강조하는 말이 이랬다. "답답하면 종이에 사원들의 이름을 한번 적어보세요. 그러면 방법이 보일 겁니다."

'3020 작전'을 아는가

종이에 적으면 방법이 보인다. 이와 비슷한 방법을 쓰고 있는 또 다른 매니저가 있다. 매일 아침 사원들에게 '3020 작전'이라는 양식에 주변 사람들의 이름을 30명씩 적게 한다. 사원들로 하여금 매일 아침 의무적으로 30명의 이름을 적게 만드는 것이다. 종이에 적는 사람이 꼭 고객일 필요는 없다. 가족이어도 괜찮다. 친구여도 괜찮다. 어제 만난 고객이어도 괜찮다. 좌우간 생각나는 대로 매일 아침 30명씩 이름을 적게 하는 것이다.

"이렇게 매일 아침 30명씩 일주일만 이름을 적게 해보세요. 그러면 업적도 달라지고 리크루팅도 달라집니다." 그 매니저가 하는 말이다. 매일 아침 30명씩 이름을 적게 하여 그 중에 20명씩 접촉하게 한다. 문자 메시지(SMS)로 5명, 전화로 5명, DM 또는 이메일로 5명, 그리고 직접 만나는 것으로 5명 등 하루 최소 20명은 접촉하게 하는 것이다. 그랬더니 사원들이 접촉하는 고객의 활동량이 폭발적으로 늘어나고 자연히 업적이 오르게 되었다고 한다.

여기에 한 가지 더. 30명씩 적은 사람들 중에서 리크루팅 대상자를 5명 찾게 했다고 한다. 그랬더니 처음에는 리크루팅 대상자가 없다고 하던 사람들이 한명 두명 리크루팅 대상자를 소개해주기 시작하더라는 것이다.

매일 리스트를 작성하라

리크루팅 대상자를 찾는 가장 좋은 방법은 '리스트업(List-up)' 전략이다. 매니저가 사원들의 이름을 종이에 적으면서 사원들에게 1:1로 접근하는 방법을 찾든가, 아니면 '3020 작전'과 같이 사원들로 하여금 매일 아침 주변 사람들을 리스트업하게 하여 리크루팅 대상자를 찾든가 구체적인 방법으로 접근해야 한다.

Key Point 리크루팅 대상자 찾기 '리스트업' 전략

관리자가 List-up	사원이 List-up
사원 1:1 접근방법	고객 1:1 접근방법

자원 풀(Pool)제를 운영하라

협력자를 활용하라

혼자서 리크루팅을 풀어간다고 한다면 과연 몇 명이나 신인을 도입할 수 있을까? 아마도 1명 내지 2명 하고 나면 더 이상 할 사람이 없을 것이다.

그러나 기억할 것은 영업을 잘 하는 사람은 주변에 협력자들이 많다는 사실이다. 나를 대신해서 영업을 해주는 협력자들은 주변 사람들을 소개해주는 데 주저하지 않는다. 적극적으로 주변 사람들에게 세일즈맨을 PR해주고, 세일즈맨에게 주변 사람의 이름을 적극적으로 소개해준다.

리크루팅에서도 협력자를 활용할 줄 알아야 한다. 친하게 지내는 주변 사람들을 통해 리크루팅 대상자를 소개받을 줄 알아야 한다.

협력자는 누구인가

세일즈 매니저의 입장에서 리크루팅 협력자는 누구인가? 바로 날마다 생사고락을 함께 하는 사원들이다. 사원들이 주변 사람을 적극적으로 소개해주는 분위기를 만들어가라. 나 혼자서 리크루팅 대상자를 찾으려면 몇 명 되지 않지만, 사원들이 적극적으로 소개해주면 그 인원은 기하급수적으로 늘어난다.

사원들 입장에서 협력자는 누구인가? 바로 고객들이다. 고객들은 항상 사원들과 친숙하고 가깝게 지내기 때문에 소개해주는 데 어려움이 없다. 고객들에게 계약소개를 부탁하듯이 주변 사람 중 리크루팅 대상자를 이름만 소개받아라. 그 사람이 활동 가능성이 있는지 없는지는 이 단계에서는 중요하지 않다. 일단 이름만 소개받았으면 첫 단계는 성공한 것이다.

다음 단계로 소개받은 사람과 친숙관계를 맺어가는 과정을 거치고, 그 사람들 중 가능성이 있는지 여부를 판단한다.

중요한 것은 먼저 이름을 소개받아야 다음 단계로 진행될 수 있다. 리크루팅 대상자를 확보하는 데 가장 중요한 것은 활동 여부나 가능성이 아니라, 일단 이름부터 소개받는 것이라는 점을 잊지 말아야 한다.

1인 10명 추천 운동을 전개해보라

리크루팅 협력자를 통해서 리크루팅 자원을 확보하는 방법 중

하나는 협력자 한 사람당 10명씩 이름을 소개받는 것이다.

만약 사원이 15명이라고 한다면 사원 한 사람으로부터 10명씩 만 이름을 소개받아도 적어도 150명의 리크루팅 대상자를 확보할 수 있다. 만약 사원이 20명이라면 200명의 리크루팅 대상자를 확보할 수 있고, 사원이 30명이라면 최소한 300명의 리크루팅 대상자를 찾을 수 있다. 이것이 바로 리크루팅 풀(Pool)제를 운영하는 방법이다.

이 사람들 중 활동 가능성이 있는지, 면담 대상자는 누구인지를 가려내는 것은 그 다음 단계에서 할 일이다.

Key Point 리크루팅 1인 10명 추천 운동

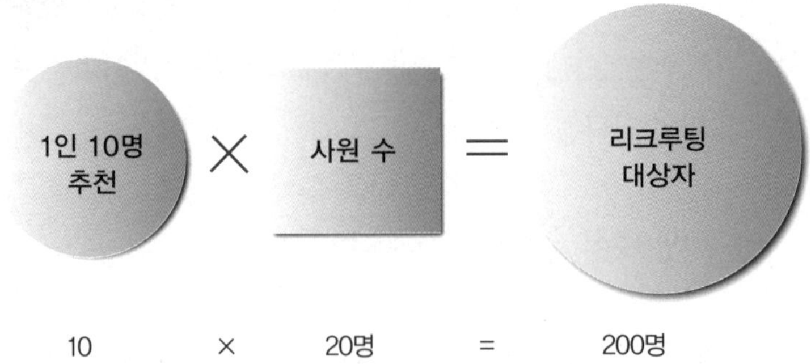

연출력이 필요하다

말로만 강요하지 마라

1인 10명 추천 운동에 대해 보다 세부적으로 들어가보자. 사원들에게 주변 사람들 중 리크루팅 가능성 여부와 상관없이 이름만 10명씩 소개해달라고 한다고 하면 사원들이 쉽게 적어줄 것 같은가? 천만의 말씀이다. 순순히 10명을 적어줄 사람이 누가 있겠는가? 대부분 1명 내지 2명 정도만 적어주고 만다. 이렇게 하면 리크루팅은 성공하지 못한다.

한 사람당 10명씩 소개해주는 리크루팅 풀(Pool)제가 성공하려면 사원들이 누구나 10명의 이름을 써줘야 하는데, 만약 사원들이 1명 내지 2명만 적어준다면 리크루팅이 잘 안 풀리는 것은 명약관화한 사실이다.

이럴 때는 연출력이 필요하다. 말로만 적어달라고 떠들지 말고 함께 참여할 수 있는 프로그램을 만들어야 한다. 모두가 함께 참여할 수 있는 아이디어를 찾아야 한다.

리스트업 자료를 활용하라

똑같은 방법이라 해도 어떻게 접근하느냐에 따라 결과가 달라진다. 말로만 떠들면 따라오지 않던 사람도 함께 참여하는 프로그램을 운영하면 참여도가 눈에 띄게 달라진다.

한 예로 다음 양식을 활용해보라. 리크루팅 대상자를 찾기 위해서 세부 항목별로 리크루팅 대상자를 적는 칸을 구분하였다. 이 양식을 활용해서 1인당 10명씩 이름을 적게 하라. 중요한 것은 꼭 리크루팅 가능성이 있는 사람을 적으라는 것이 아니다. 활동 가능성이 있는 사람을 적으라는 것도 아니다. 좌우간 각 항목에 해당되는 사람이 있으면 이름만 적게 하면 된다.

이 양식을 활용할 때 또 한 가지 유의할 점은 사원 한 사람당 무조건 10명씩은 이름을 적게 해야 한다는 사실이다. 정상적으로 이름을 적든, 아니면 허위로 이름을 적든 상관없다. 무조건 10명씩만 이름을 적으면 1단계는 성공이다.

이 양식을 활용하다 보면 사원들이 한두 명은 정상적으로 이름을 적고 나머지 사람들은 10명을 채우기 위해서 허위로 적을 것이다. 그래도 괜찮다. 일단 10명의 이름만 적었으면 첫 단계는 목표를 이룬 셈이다.

정기적으로 실시하라

문제는 그 다음이다. 이 양식을 매주 1회 정기적으로 활용해야 한다. 한 번으로 끝나면 그야말로 단발성 이벤트에 불과하다. 그러면 효과가 없다. 무슨 일이든 연속적으로 진행되어야 결실이 있는 법이다.

이렇게 한번 활용해보라. 매주 월요일 아침 이 양식을 모든 사원들에게 나눠주면서 10명씩 이름을 적게 하라. 앞에서 설명한 바와 같이 정상적으로 이름을 적든 허위로 적든 상관없다. 무조건 10명의 이름만 적으면 된다.

다음 주 월요일에도 똑같이 지난주에 나누어주었던 양식을 나눠주면서 10명의 이름을 적게 해보라. 그 다음 주 월요일에도 똑같은 양식으로 똑같은 방법으로 진행한다.

한 달 정도만 이렇게 진행하면 사원들이 그 다음은 정상적으로 10명씩 이름을 적게 된다. 반드시 기억해야 할 것은 단 한 번의 시도로 어떤 결과를 기대해서는 안 된다는 것이다. 한 번 말했다고 해서 사원들이 기대하는 대로 따라올 거라고 생각하는 것은 나만의 착각이다. 입장을 바꿔서 생각해보라.

만약 당신에게 10명의 이름을 적으라고 한다면 순순히 10명의 이름을 적겠는가? 정기적이고 지속적으로 실시해야 바라는 목표를 달성할 수 있다.

연필 하나만 준비하라

다음 단계로 사원과의 면담과정이 필요하다. 일주일에 한 번씩 1:1 리크루팅 면담을 실시하라. 월요일에 작성, 제출한 리크루팅 대상자 양식을 앞에 놓고 사원과 면담을 실시하라.

이때 영업 리더가 준비해야 할 것이 하나 있다. 바로 샤프 펜슬이다. 사원과 면담할 때 사원이 하는 이야기를 리스트업 양식에 깨알같이 적어라. 사원이 하는 말을 한마디도 놓치지 않겠다는 듯이 말이다.

양식에 정상적으로 적은 사원은 할 말이 많다. 이 사람은 연령이 어느 정도 되고, 집안 형편은 어떻고, 성격은 어떻고, 자녀, 남편 등 할 이야기가 많다. 이런 내용들을 양식에 하나도 빠뜨리지 말고 깨알같이 적어라.

그러다가 사원이 허위로 적은 사람에 이르면 거기는 적지 말라고 한다. 이때 사원을 질책하지 말고 웃으면서 넌지시 물어보라. "왜요?" 하고.

그러면 사원은 10명을 채우기 위해서 허위로 적은 사람이라고 말할 것이다. 이럴 때 씩 웃으면서 크게 가위표를 하고 지나가라. 절대로 얼굴 표정이 변한다거나 질책해서는 안 된다.

이렇게 매주 1:1 리크루팅 면담을 실시하면 다음주부터는 하나 둘씩 허위가 아닌 정상적인 사람을 적어넣게 되고, 어느 정도 기간이 지나면 10명 모두가 정상적인 사람들로 양식이 채워진다.

연출력의 싸움이다

궁극적인 목적은 리크루팅을 하기 위한 것이다. 말로만 '리크루팅하라', '리크루팅 대상자를 적어라' 하지 말고 구체적으로 행동할 수 있는 프로그램을 운영해야 한다. 또 한 가지, 반복해서 말하지만 단발성으로 어떤 결과를 바라지 마라. 반복하고 또 반복하는 과정에서 사원들이 조금씩 변해간다는 사실을 잊지 말라는 것이다.

리크루팅은 인내와의 싸움이다. 또한 리크루팅은 연출력의 싸움이다. 사원들이 내가 원하는 목표대로 따라올 때까지 반복하고 또 반복해야 한다. 이를 위해서 다양한 아이디어를 동원하여 내가 바라는 방향으로 따라오도록 연출해야 할 것이다.

Key Point 리크루팅 풀제 운용방법

1단계	2단계	3단계	4단계
'1인 10명 추천' 마인드 심기	리스트업 양식 활용	1:1 리크루팅 면담	대상자 입력

이런 사람을 찾아라

구분	발굴처	대상자 적용	대상자 이름
지인	친구 및 친척 중에서	• 친구 및 동창생	
		• 친구 배우자	
		• 친인척	
	이웃 중에서	• 평소 친분이 많은 이웃 사람	
		• 명예퇴직자, 조기 퇴직자	
		• 보다 안정된 직장을 원하는 사람	
		• 승진에서 누락된 사람	
	고객 중에서	• 우리 회사에 대한 인식이 좋은 사람	
		• 평소 협조적인 사람	
		• 자기계발이나 성취욕이 강한 사람	
		• 시간적 여유가 많은 사람	
		• 경제적 여유가 부족한 사람	
직장 경험자	직장인 중에서	• 급여, 근무환경이 나빠 불평하는 사람	
		• 근무시간, 출퇴근이 길어 불평하는 사람	
		• 직장 분위기, 동료 갈등으로 고민하는 사람	
	경력자 중에서	• 자기 적성에 맞지 않아 고민하는 사람	
		• 대기업에서 근무한 경험이 있는 사람	
		• 업무가 거래처와 관련이 많은 사람	
		• 전에 다니던 직장의 선후배	
	세일즈 경력자 중에서	• 세일즈 경험이 있는 사람	
		• 같은 업종에 근무하고 있는 사람	
		• 이직을 고민하는 사람	
	부업 종사자 중에서	• 파트타임(백화점, 식당) 근무하는 사람	
		• 단순 부업을 하고 있는 사람	

구분	발굴처	대상자 적용	대상자 이름
단체 및 모임	동호회, 취미 모임 중에서	• 동호회 모임 회원 중에서	
		• 친목회원 또는 계원 중에서	
		• 수영, 요가, 헬스클럽 회원 중에서	
	단체모임 중에서	• 종교단체 신자 중 친한 사람	
		• 단체모임에서 책임을 맡고 있는 사람	
		• 사회봉사단체 모임 중 친한 사람	
	아파트 활동 중에서	• 아파트 부녀회장 또는 친목회장	
		• 놀이방 어머니, 유치원 자모	
		• 피아노, 미술학원 학부형	
		• 상가 이용자	
기타	공공시설 내 활동 중에서	• 복지회관 이용자	
		• 은행, 구청, 동사무소 이용자	
		• 구민회관 또는 문화센터 이용자	
	회사 내에서	• 계열사 관계사 직원	
		• 보다 높은 급여를 원하는 사람	
		• 고참 여사원, 퇴직 직원	
	캠페인 활동 중에서	• 전에 한 번 방문한 적이 있는 사람	
		• 사무실에 한 번이라도 와본 사람	
		• 이벤트 행사에 참여했던 사람	
	광고, 인터넷 활용자 중에서	• 지역신문, 각종 광고를 통해서	
		• 인터넷 구직정보	

반드시 사진을 붙여라

대상자 카드를 만들어라

리크루팅 풀(Pool)제에서 설명했던 내용을 다시 이어서 진행해 보자. 사원들과의 1:1 리크루팅 면담을 통해서 사원들이 적은 사람이 허위가 아닌 정상적인 사람일 경우는 일단 리크루팅 대상자 카드에 기록하라.

중요한 것은 먼저 이름이라도 기록하는 것이 좋다. 다른 내용을 수집해서 기록하려고 하면 시간도 많이 걸릴 뿐더러 리크루팅을 진행하는 속도도 그만큼 느려진다. 리크루팅 대상자에 대한 구체적인 내용은 차차 정보를 수집해서 입력하도록 하고, 일단 면담을 통해서 얻은 내용을 리크루팅 대상자 카드에 입력하는 것이 중요하다. 그러고 난 다음 부족한 내용은 사원과의 면담을 통해서 수집하거나, 리크루팅 대상자 접촉을 통해서 수집해 기록해 나가면 된다.

다시 강조하지만 리크루팅 대상자 카드를 만드는 것이 가장 중요하다. 그래야 다음 단계인 정보수집, 접촉방법 마련 등의 행동 계획을 수립할 수 있기 때문이다.

그러나 대부분의 사람들은 이러한 대상자 카드조차 없다. 그러면서 리크루팅을 하겠다고 덤빈다. 아니, 리크루팅 대상자 카드도 없으면서 리크루팅할 사람이 없다고 한다. 당연하지 않은가. 대상자를 찾는 노력이 없는데 리크루팅할 사람이 어디 있겠으며, 구체적인 정보를 수집, 관리하는 시스템을 활용하지 않는데 어떻게 리크루팅을 수행할 수 있겠는가?

리크루팅을 하고자 한다면 먼저 리크루팅 대상자 카드를 만들어야 한다. 이름만 적어도 괜찮으니까 먼저 리크루팅 대상자 카드부터 만들어라.

빈칸 채워줘!

사원과의 1:1 면담을 통해서 얻은 정보를 리크루팅 대상자 카드에 입력하다 보면 빈칸들이 생기게 마련이다. 나름대로 칸을 채운다 하더라도 빈칸이 나오는 것은 당연하다.

이럴 때 어떻게 해야 할까? 온라인으로 리크루팅 대상자를 관리하는 경우는 입력한 리크루팅 대상자 카드를 프린트하든지, 오프라인으로 관리하는 경우라면 기록하던 리크루팅 대상자 카드를 해당 사원과 함께 작성해가도록 하라. 즉 적당한 기회를 봐서 해당 사원에게 리더가 작성한 리크루팅 대상자 카드를 건네주면서 "내가 여기까지 작성했는데 나머지 부분은 아는 대로 좀 채워줘"라고 부탁하면 대부분의 경우는 서슴없이 빈칸을 채워준다.

그러나 리크루팅을 못 하는 사람들을 보면 이런 과정이 없다. 아니, 똑같은 방법을 알려줘도 이름도 적지 않은 빈 양식의 리크루팅 대상자 카드를 사원들에게 건네며 리크루팅 대상자를 적으라고 강요한다. 그래놓고 하는 말이 "이런 방법 저런 방법 다 써봤지만 아무 효과가 없었어요"라며 하소연한다.

그런 사람들에게 되묻고 싶다. 리크루팅 카드에 이름이라도 써놓고 그 사람에 대한 정보를 채워달라고 해보았느냐고…… .

반드시 사진을 붙여라

다음으로 리크루팅 대상자 카드를 죽은 카드로 만드느냐, 아니면 살아 있는 카드로 만드느냐의 문제가 있다. 리크루팅 대상자 카드는 반드시 살아 있는 카드로 만들어야 한다. 죽은 카드가 되느냐, 살아 있는 카드가 되느냐는 그 카드에 사진이 붙어 있느냐, 아니냐에 따라 달라진다.

살아 있는 카드로 만들려면 리크루팅 대상자 카드에 반드시 사진을 붙여라. 그 사진이 꼭 증명사진일 필요는 없다. 여행 갔을 때 같이 찍은 사진 중에서 오려 붙여도 좋다. 아니면 주민등록증에 있는 사진을 복사해서 붙여도 좋다. 요즘은 휴대폰으로도 사진을 찍어서 붙이는 경우가 많다.

사진이 있으면 그 카드는 생명력을 갖게 되고, 사진이 없으면 죽은 카드가 된다. 사진이 있고 없음에 따라 그 카드를 볼 때마다 관심도가 달라지기 때문이다. 리크루팅 대상자 카드를 만들었으면 어떤 형태로든 사진을 붙이도록 하라. 이것이 리크루팅을 적극적으로 풀어가는 방법이다.

Key Point 리크루팅 대상자 카드 만들기

1단계	2단계	3단계	4단계
리크루팅 대상자 카드 만들기	카드에 대상자 이름 적기	사원들에게 빈칸을 채워달라고 한다	대상자 사진 붙이기

매일 한 번씩 보라

상품을 잘 파는 이유

우리가 파는 상품은 한두 가지가 아니다. 많게는 30가지가 넘고, 적어도 10가지가 넘는다. 그러면 그 상품들을 다 잘 파는가? 아니다. 우리가 잘 파는 상품은 2~3가지에 한정되어 있다. 사원들의 판매 패턴을 보면 그 많은 상품들 중에서 사원별로 잘 파는 상품이 정해져 있다. 소위 말하면 그 사원만의 주특기 상품이 정해져 있다.

왜 사원들은 그 상품만 그렇게 잘 팔고 또 집중적으로 파는 것일까? 이유는 그 상품을 좋아하기 때문이다. 그 상품에 관심이 많기 때문이다.

상품은 관심도에 따라 판매가 달라진다. 그 상품을 좋아하면 그 상품을 자주 보게 되고, 집중적으로 권하게 된다. 그래서 그 상품이 잘 팔리는 것이다. 그러나 상품을 좋아하지 않으면 그 상품에 대한 관심도 없고, 마음도 멀어져 간다. 그래서 그 상품은 팔리지 않는다.

하루에 5분씩만 교육하라

상품을 잘 팔게 하는 또 하나의 아이디어가 있다. 상품교육을 할 때 대부분 1시간 이상, 아니 2시간 이상 장황하게 상품설명을 한다. 그러고서 상품이 잘 판매되기를 기대한다. 그러나 이런 교육방법으로는 상품판매가 기대하는 것만큼 따라오지 않는다. 단발성 교육이기 때문이다. 단발성 교육은 사원들의 관심을 끌지 못한다.

이제부터는 이렇게 해보라. 상품교육을 길게 하지 말고 하루에 5분씩만 실시하라. 상품의 특징을 하루에 하나씩만 교육하는 것이다. 이렇게 일주일, 혹은 10일만 실시하면 놀랍게도 그 상품이 불티나게 팔려나갈 것이다. 사원들에게 최면이 걸리기 때문이다. 날마다 그 상품을 접하면서 상품에 대한 관심도가 달라졌고, 그 상품에 대해 좋아하는 감정이 생겼기 때문이다.

판매가 부진한 상품을 활성화시키고자 할 때, 전략적으로 어떤 상품을 집중적으로 판매하고자 할 때 이 방법을 사용하면 좋은 효과를 얻을 수 있다. 상품은 관심도에 따라 팔리는 정도가 달라진다는 사실을 잊어서는 안 될 것이다.

리크루팅은 관심이다

리크루팅도 마찬가지이다. 리크루팅도 관심도에 따라 결과가 달라진다. 내가 얼마나 관심을 갖느냐에 따라 리크루팅이 잘 되느냐, 안 되느냐가 결정된다. 리크루팅을 잘 하려면 잊지 않으려고 노력해야 한다. 하루에 한 번씩 자기 자신에게 리크루팅을 상기시키고 리크루팅 대상자를 환기시키는 자기관리 프로그램이 필요하다.

어떻게 해야 리크루팅을 잊지 않을 수 있을까? 어떻게 해야 리크루팅 대상자에 대한 관심을 높일 수 있을까? 그 해답은 매일 리크루팅 대상자 카드를 한 번씩 들춰보는 것이다. 손길 닿는 곳에, 눈길 닿는 곳에 리크루팅 대상자 카드를 놓아둬라. 그리고 시간이 날 때마다, 아니 답답할 때마다 리크루팅 대상자 카드를 들춰보라. 그러면 어떻게 접근해야 할지 방법이 보일 것이다.

매일 한 번씩 보라

리크루팅을 잘 하는 한 세일즈 매니저가 말하기를 자기의 리크루팅 비결은 매일 리크루팅 대상자 카드를 들춰보는 데 있다고 한다. 그는 책상 오른쪽 모서리에 리크루팅 대상자 카드철을 놓아두고 수시로 들춰보았다고 한다. 아침 조회가 끝난 다음에, 오후에 시간이 날 때마다, 저녁에 퇴근하기 전에 리크루팅 대상자 카드를 한 번씩 들춰보았다는 것이다. 특별히 신경 써서 본 것도 아니다. 그저 습관적으로 날마다 한 번씩 보았던 것이 그가 리크루팅을 잘 하게 된 비결이라고 한다.

그가 이어서 하는 말이 이랬다. "리크루팅 대상자 카드가 내 손길로 닿게 될 때 그 사람이 우리 식구가 되더라구요."

Key Point 리크루팅 대상자 카드 활용방법

대상자 카드 수시로 보기

1. 손길 닿는 곳에, 눈길 닿는 곳에 대상자 카드를 놓아둬라
2. 매일 한 번씩 카드를 들춰보라
3. 어떻게 접근해야 할지 방법이 보인다

과정관리가 없으면 결과도 없다

리크루팅 관리 시스템을 이용하라

지금은 각 회사마다 리크루팅 관리 시스템을 도입, 운영하고 있다. 리크루팅 대상자를 회사 리크루팅 관리 프로그램에 입력하고, 그 다음으로 배양하고 면담하는 과정을 거쳐 입사단계까지 체계적으로 관리하고 있다. 온라인(On-line)을 통해서 시스템적으로 관리한다. 그러나 규모가 작은 회사는 아직도 오프라인(Off-line)으로 관리하는 경우가 많다. 리크루팅 대상자 카드를 만들어 손으로 일일이 기록, 보관하는 형식이다.

리크루팅 대상자를 온라인으로 관리하든, 오프라인으로 관리하든 한 가지 공통점은 리크루팅 대상자를 체계적으로 관리한다는 것이다. 리크루팅 대상자에 대한 정보를 구체적으로 수집, 입력해서 눈으로 볼 수 있게 관리한다는 것이다.

"회사에서 만들어놓은 리크루팅 관리 시스템이 있지요? 어떻게 활용해요?" 하고 물어보았다. 이 질문에 대한 대답은 한결같았다. "예, 있기는 있는데, 거의 이용하지 않아요." 의외의 대답이 아닐 수 없었다. 본사에서는 수억 원을 들여 시스템을 갖추어 놓았는데 정작 현장에서는 거의 사용하지 않는다니 말이다.

그러면 리크루팅을 어떻게 풀어가고 있다는 말인가? 아직도 예전과 같이 주먹구구식으로 관리하고 있다는 말이었다. 리크루팅 대상자를 수첩에 이름만 적어놓는다든가, 아니면 리크루팅 대상자 카드도 없이 막연하게 접근한다는 대답이었다.

먼저 입력현황을 체크하라

"전 매일 아침 리크루팅 대상자 입력사항을 체크합니다. 누가 몇 명을 입력하고 있는지 체크합니다." 한 매니저가 하는 말이다. 그는 매일 아침 온라인을 통해서 세일즈 매니저들이 몇 명의 리크루팅 대상자를 확보하고 있는지 체크한다는 말이다.

그는 리크루팅 대상자 입력이 없는 세일즈 매니저는 별도로 불러서 1:1 면담을 한다고 했다. "리크루팅 결과가 없는 것은 야단치지 않습니다. 그러나 리크루팅 대상자 입력이 없는 것은 아주 호되게 야단칩니다."

리크루팅 결과가 있으려면 가장 먼저 풀어야 하는 문제가 대상자를 찾는 일이다. 이 매니저는 바로 이 문제에 모든 관리력을 집중하고 있는 것이다. 대상자를 찾는 단계가 없으면 결과는 뻔하지 않느냐는 말이다. 그 다음 단계로 이 대상자들을 어떻게 배양하는가는 1:1 면담을 통해서 집중 체크한다고 한다.

"먼저 리크루팅 시스템을 활용하는 습관을 들이도록 해야 합니다. 그러기 위해서 매일 대상자 입력사항부터 체크하는 것이지요. 리크루팅 시스템을 만들어놓는 것이 중요한 것이 아닙니다. 어떻게 현장에서 활용하느냐가 더 중요하지요."

1:1 면담을 강화하라

리크루팅 시스템을 제대로 활용하지 못하는 것은 중간 과정관리가 없기 때문이다. 과정관리가 있다 하더라도 숫자상으로만 관리하기 때문이다. 리크루팅이 체계적으로 자리 잡게 하려면 먼저 관리자부터 리크루팅 시스템 활용에 대한 습관을 들여야 한다. 매일 아침 리크루팅 활동을 체크하는 습관 말이다.

먼저 온라인으로 리크루팅 대상자를 입력하게 하고, 다음 단계로 1:1 면담을 통해서 배양활동을 체크하는 습관을 들여라.

Key Point 리크루팅 시스템 활용 전략

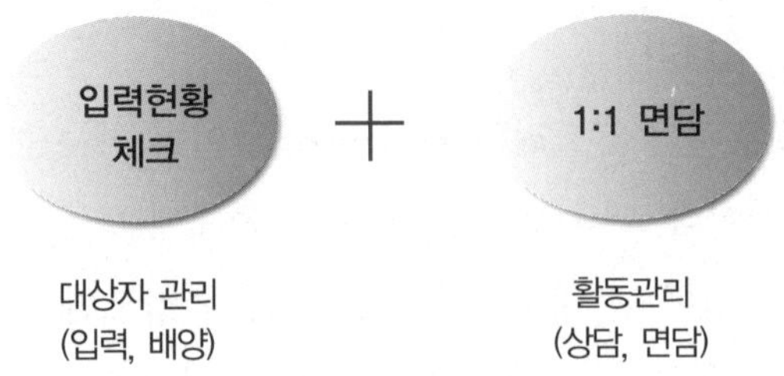

5장

리크루팅 대상자 배양방법

인맥관리에 치중하라

돈과 인맥관리의 공통점

돈과 인맥관리에는 3가지 공통점이 있다. 첫째는 편중성이다. 돈은 몰리는 사람에게만 몰린다. 부자는 이자가 이자를 낳아 더 부자가 되고, 가난한 사람은 그나마 있는 돈마저 없어진다고 한다. 인맥관리도 마찬가지이다. 인맥관리를 잘 하는 사람은 소개에 소개를 물어 더 많은 사람들을 알게 되지만, 인맥관리를 제대로 하지 못하는 사람은 그나마 주변에 있는 사람들마저 없어진다.

둘째는 야행성이다. 큰돈일수록 백주 대낮에 움직이지 않는다. 큰돈은 아무도 몰래 은밀히 움직인다. 인맥관리도 마찬가지이다. 인맥관리도 사람을 얻고자 한다면 업무적으로 접근하면 안 된다. 업무를 떠나서 접근해야 금방 친해진다.

셋째는 도피성이다. 사람이 부자가 되려면 돈을 쫓아다녀서는 안 되며, 돈이 사람을 쫓아와야 부자가 될 수 있다고 한다. 마찬가지로 사람을 관리할 때도 목적을 가지고 쫓아가서는 안 된다. 목적을 가지고 쫓아가면 상대방은 도망가게 되어 있다. 대신 빨리 내 편으로 만들고자 한다면 상대방이 나를 좋아하도록 만들어야 한다.

3가지를 실천하라

리크루팅을 잘 하기 위해서는 3가지를 실천해야 한다. 첫째는 인맥관리를 하라. 리크루팅은 사람을 얻는 일이다. 사람을 얻는 일에서 가장 중요한 것은 인맥관리이다.

둘째는 인간적인 만남에 치중하라. 업무적인 일로 리크루팅 대상자를 찾아가기보다는 업무를 떠난 인간적인 만남에 치중해야 한다.

셋째는 이미지 관리에 신경 써라. 리크루팅 대상자를 설득하려 하지 말고 본인이 스스로 판단하게 하고 결정하게 만들어야 한다. 그러기 위해서는 긍정적인 이미지를 심어주도록 노력해야 한다.

"리크루팅은 조급하게 덤비면 안 돼요. 마음의 여유를 가지고 인맥을 관리한다는 생각으로 임해야 해요." 한 세일즈 매니저가 하는 말이다. 그가 책상에서 꺼내 보여주는 리크루팅 대상자 카드에는 메모 내용이 빼곡히 적혀 있다.

"리크루팅은 서두르면 안 돼요. 시간적인 여유를 가지고 덤벼야 해요. 보세요, 이 사람은 카드를 만든 지 1년이 되었고, 이 사람은 2년도 넘었잖아요."

어렵고 힘들 때 함께하라

평상시 인맥관리를 하다 보면 결정적인 기회가 찾아온다. 그 결정적인 기회가 언제일까? 그것은 리크루팅 대상자에게 힘들고 어려운 일이 생길 때이다. 좋은 일이 있을 때보다 안 좋은 일이 있을 때가 더 좋은 기회이다.

"힘든 일이 생기면 무조건 몸으로 도와주세요. 그러면 리크루팅이 빨리 돼요." 몸으로 도와주는 것보다 더 효과가 좋은 방법은 없다.

리크루팅을 잘 하려면 업무적으로 만나 설득하려 하지 말고 업무를 떠나 인간적인 만남, 인간적인 관계에 치중해야 한다.

Key Point 리크루팅 대상자 배양활동 3가지 포인트

인맥관리	인간적 만남	이미지 관리

'1 · 2 · 3 원칙'에 충실하라

'1 · 2 · 3 운동'으로 떴다

요즘 학생들은 스스로를 일컬어 '입시기계'라고 한단다. 학교의 모든 교육과정이 대학입시에만 맞춰져 있기에 생겨난 현상이다. 모두가 입시에 쫓겨 고득점을 향해 달려가고 있는 와중에 시골의 한 중학교에서는 차별화된 교육 프로그램을 도입해 학생들로부터 뜨거운 호응을 얻고 있다.

이 학교에서는 학생들의 학력과 사회 적응력을 키워주기 위해 '1 · 2 · 3 운동'을 만들었다고 한다. '1 · 2 · 3 운동'이란 재학 중에 '한 가지 이상 운동 특기 갖기', '두 가지 이상 자격증 취득하기', '세 가지 이상 표창받기'이다.

'1 · 2 · 3 운동' 덕분에 학생들은 자신감에 차 있고 교사들 역시 보람에 차 있다고 한다. 교육은 인간의 소질과 심성을 잘 가꾸게 해서 스스로 의지력과 적응력을 키워주는 것이라고 했는데,

이런 측면에서 '1 · 2 · 3 운동'이 큰 호응을 얻은 것이다.

리크루팅에도 '1 · 2 · 3 원칙'이 있다

세일즈에 유명한 원칙 중 하나로 '1 · 2 · 3 원칙'이 있다. 고객과 상담할 때 '한 번 말하고, 두 번 듣고, 세 번 맞장구쳐라'는 원칙이다. 내가 말을 많이 하기보다는 고객이 말을 많이 하게 해야 한다는 것으로, 그러기 위해서는 열심히 들으면서 맞장구를 많이 쳐주라는 것이다. 고객과의 상담에서 성공하려면 누구나 기본적으로 지켜야 하는 원칙이다.

리크루팅에도 유명한 원칙이 하나 있다. 바로 '리크루팅 활동 1 · 2 · 3 원칙'이다. '하나, 매일 리크루팅 대상자 카드를 하나 만들기', '둘, 매일 2명에게 안부전화 하기', '셋, 매일 3명에게 문자 메시지(SMS) 보내기'이다. 리크루팅에 성공하는 사람들은 누구나 실천하고 있는 원칙이다.

이 원칙은 철저하게 행동에 초점이 맞추어져 있다. 리크루팅에서 성공하려면 머리로만 생각하지 말고, 마음으로만 바라지도 말고, 하나도 행동이요 둘도 행동으로 풀어가야 한다는 것이다.

첫째, 매일 리크루팅 대상자 카드를 하나 이상 만들라는 것은 리크루팅 대상자 찾기에 하루도 게을리 하지 말라는 것이다. 리크루팅의 첫 번째 단계는 바로 리크루팅 대상자를 찾는 일이기 때문이다.

둘째, 매일 2명 이상에게 전화하라는 것은 리크루팅 대상자와의 친숙활동에 치중하라는 말이다. 자주 전화함으로써 상대방이 관심과 애정을 느끼게 하고, 이러한 친숙활동을 통해서 자연스럽게 상담과 면담으로 이어가게 하라는 것이다.

셋째, 매일 3명에게 문자 메시지를 보내라는 것은 다양한 방법으로 리크루팅 대상자와 인맥을 관리하라는 말이다. 문자 메시지뿐만 아니라 이메일 같은 방법을 통해서도 1:1 밀착관리를 하라는 말이다.

매일 '1 · 2 · 3 원칙'을 실천하라

"전 '1 · 2 · 3 원칙'에 충실하려고 노력했어요. 그랬더니 먼저 제 자신부터 리크루팅을 잊지 않게 되었어요. 그 결과 자연스럽게 식구가 늘어나더라고요." 한 세일즈 매니저가 말하는 경험담이다.

흔히들 세일즈는 자신과의 싸움이라고 한다. 마찬가지로 리크루팅도 자신과의 싸움이다. 자신과의 싸움에서 이기면 리크루팅이 되는 것이고, 자신과의 싸움에서 지면 리크루팅은 실패하는 것이다. 즉 '한쪽에서는 행동하자, 다른 한쪽에서는 기다리자' 하는 자신의 내면과의 싸움에서 이기는 자만이 리크루팅에 성공할 수 있다.

리크루팅 대상자 배양을 보다 구체적으로 실천하라. 그 실천방법이 1 · 2 · 3 원칙이다. 매일 1명 이상 대상자 카드를 만들고, 2명 이상에게 전화하고 3명 이상에게 문자 메시지를 보내는 등 구체적인 행동으로 리크루팅 대상자를 밀착 관리하라. 이렇게 구체적인 행동으로 배양하는 사람만이 리크루팅의 기쁨을 맛볼 수 있다.

Key Point 리크루팅 '1 · 2 · 3 원칙'

1	2	3
1일 1명 대상자 카드 만들기	1일 2명에게 안부전화 하기	1일 3명에게 문자 메시지 보내기

다양한 채널을 만들어라

당신이 누구시길래?

"전 매주 토요일마다 리크루팅 대상자들에게 이메일을 한 통씩 보냅니다." 한 세일즈 매니저가 말하는 리크루팅 성공 사례이다. 그는 일주일에 한 번씩 리크루팅 대상자에게 이메일을 보낸다고 한다. 리크루팅 대상자를 소개받으면 가장 먼저 이메일 주소부터 확인한다고 한다. 명함을 받으면 거기에는 이메일 주소와 휴대폰 주소는 기본적으로 들어 있다.

그는 리크루팅 대상자들의 이메일을 그룹 등록시켜놓고, 매주 토요일 일주일에 한 번씩 이메일을 보내는 것이다. 그랬더니 언젠가 한 사람이 전화를 해서 이렇게 말하더라는 것이다. "당신이 누구시길래?"

그가 말하기를 처음 이메일을 받았을 때는 아무 생각도 없었다고 한다. 그저 별다른 생각 없이 '누가 보냈나 보다' 하고 말았단다. 그런데 매주 발송되는 이메일을 받으면서 '이 사람이 누구지?' 하는 관심이 생기기 시작하더라는 것이다. 한 번 클릭하고 두 번 클릭할 때마다 점차 관심도가 달라지더라고 했다. 이 일이 계기가 되어 만나게 되었고, 몇 번 만나다 보니 생각이 달라져서 결국에는 활동까지 하게 되었다고 한다.

"전 이메일을 보낼 때 큰 기대는 안 해요. 그냥 제 이름만 기억해준다면 고맙지요. '내가 당신을 이렇게 기억하고 있습니다' 하는 마음만 전해주면 돼요."

하지만 그 효과는 기대하는 것 이상이었다. 리크루팅 대상자가 그를 기억해주고, 그에게 좋은 인상을 갖게 하고, 결국 활동하게 되기까지 중간에서 다리 역할을 한 것이 바로 '이메일'이더라는 것이다.

웨이터도 이메일로 고객을 관리한다

부산에 있는 한 나이트클럽 웨이터가 고객을 관리하는 이야기이다. 손님들이 나이트클럽에 올 때는 맨정신인 사람이 거의 없다고 한다. 1차에서 한잔 걸치고 발동이 걸리면 2차로 오는 곳이 바로 나이트클럽이란다. 이 웨이터는 고객들이 나이트클럽에 들어오면 먼저 명함부터 받는다고 한다.

명함에는 직급, 이메일 주소, 휴대폰 번호 등이 기본적으로 적혀 있다. 명함을 보고 직급이 부장, 차장인 사람들의 명함은 별도로 관리한다고 한다. 그룹의 '결정권자'가 누구인가를 찾아 그들을 별도로 특별 관리하는 것이다. 이 결정권자들의 이메일을 그룹 등록시켜놓고 그는 일주일에 한 번씩 그들에게 이메일을 보낸다고 한다.

예전에는 분기에 한 번 정도 점심시간에 이 결정권자들을 직접 찾아가 건강보조식품 등을 전달하면서 "요즘 왜 그렇게 뜸하십니까?" 하는 식으로 고객을 관리했다고 한다. 그러나 지금은 그렇게 관리하지 않는다고 한다. 시간도 많이 들고 경비도 많이 들어 비효율적이라는 것이다.

그 대신 인터넷을 통해 일주일에 한 번씩 이메일로 자료를 보내는데 그 덕분에 요즘은 자기 이름을 부르면서 찾아오는 손님이 두 배로 늘었다고 한다. 지금은 나이트클럽의 웨이터도 이메일로 고객을 관리하는 시대이다.

온라인과 오프라인을 함께 활용하라

리크루팅 배양활동에 다양한 채널을 만들어라. 과거에는 발로만 뛰던 오프라인 방식이었다. 그러나 이제는 인터넷을 이용한 온라인 방식을 함께 활용해야 한다. 과거에는 전화하고, DM 보내고, 직접 찾아가는 등의 오프라인 중심으로 리크루팅을 풀어갔다.

그러나 이제는 인터넷을 이용해 일주일에 한 번씩 이메일을 보내면서 친숙도를 높이는 배양활동을 더 해야 한다. 리크루팅 대상자와 접촉할 수 있는 수단을 보다 다양화해야 한다.

나이트클럽의 웨이터도 고객관리에 인터넷을 활용하고 있는데, 당신은 리크루팅 대상자 관리에 얼마나 인터넷을 활용하고 있는가?

Key Point 다양한 채널 만들기

온라인	인터넷	이메일	e-카드 e-레터
+			
오프라인	전화, SMS	편지(DM)	직접 방문

IT도구를 활용하라

지금은 디지털 세상

지금은 디지털 시대라고 한다. 디지털 시대에 가장 두드러진 특징은 혁신이다. 디지털 기술과 인터넷 등 IT 기술의 급속한 발전으로 농업혁명, 산업혁명에 이어 인류 역사상 세 번째 대변혁인 IT혁명이 진행되고 있다. 이러한 변화는 전통적인 패러다임을 변화시켜 디지털 사회와 지식정보 사회의 패러다임을 만들었으며 정치, 경제, 사회, 문화 등 모든 분야에서 혁신적인 변화를 불러일으키고 있다.

구시대를 일컬어 '아날로그 시대'라고 한다. '아날로그' 하면 누구나 '느리다, 주먹구구식이다, 두리뭉실하다'는 단어를 연상한다. 아날로그 시대에는 모든 것이 느렸으며, 조직운영에 있어서도 주먹구구식이었다. 그리고 생각이나 행동들이 두루뭉실하게 넘어갔다. 그러나 '디지털' 하면 '빠르다, 다르다, 구체적이다, 하나하나 구분이 가능하다'는 단어를 연상한다. 지금은 모든 것이 빠르게 변화하고 있고, 예전하고는 확실히 다르게 변하고 있기 때문일 것이다.

아직도 아날로그 방식으로 하는 사람이 많다

"아직도 아날로그 방식으로 리크루팅하세요?" 한 세일즈 매니저가 다른 매니저에게 하는 말이다. 과거 아날로그 시대에는 발로만 뛰었다. 리크루팅을 풀어가는 방식이 발로만 찾아가는 세상이었다. 평상시는 아무 연락도 없다가 급하면, 필요하면 무조건 찾아가 설득하려고 했던 방식이 바로 아날로그 시대에 했던 방법이다.

리크루팅 대상자에 대한 정보관리도 없었고, 리크루팅 대상자와의 친분관계 배양도 없었다. 급하면 무작정 찾아가는 방법뿐이었다. 그러다 보니 리크루팅이 어렵고 힘들었던 것이다. 아직도 이렇게 아날로그 방식으로 리크루팅을 풀어가는 사람이 많다.

"지금은 디지털 세상이잖아요. 그러면 리크루팅 방법도 디지털 방식으로 바꿔야지요." 한 세일즈 매니저가 하는 말이다. 디지털 시대가 되면서 리크루팅의 패러다임이 급속도로 변하고 있다. 지금은 예전 아날로그 시대와 같이 무조건 발로만 찾아가지 않는다. 주먹구구식이나 감각적인 방법으로 활동하지 않는다.

먼저 리크루팅 대상자에 대한 정보를 파악하고 데이터를 입력 보관하고, 리크루팅 대상자와 친분쌓기에 모든 디지털 방법, IT

도구들을 총동원한다.

IT도구를 활용하라

"전 리크루팅 대상자를 제 노트북에 다 입력해놨어요. 그리고 제가 리크루팅 대상자에게 언제, 무엇을, 어떤 내용을 보냈는가도 여기에 다 기록되어 있답니다." 한 세일즈 매니저가 자신의 노트북을 보여주면서 리크루팅 대상자를 찾고 배양하는 방법을 설명해주었다. "먼저 날마다 3명 이상에게 문자 메시지(SMS)로 안부인사를 보내죠. 그리고 이메일로 일주일에 한 번씩 자료를 보내줘요. 그리고 나서 전화해서 약속을 잡고 발로 찾아가죠."

지금의 디지털 리크루팅 방식은 대상자를 찾는 일에서부터 대상자에게 접근하는 방법이 보다 구체적이고 명확한 방법으로 바뀌었다.

Key Point IT도구 활용하기

문자 메시지	이메일	e-카드
1일 3명에게 문자 메시지 보내기	매주 토요일은 이메일 보내는 날	애 · 경사 및 이벤트 관리

칭찬보다 더 좋은 방법은 없다

칭찬을 먹고 산다

어느 초등학교 선생님이 학생들에게 재미있는 과제를 하나 냈다. 똑같은 꽃나무를 화분 두 개에 나눠 심은 다음, 각각 이름을 지어주라고 했다. 한쪽은 예쁜 이름을 지어주고 다른 한쪽은 형편없는 이름을 지어준 뒤, 물을 줄 때마다 그 이름을 불러주라는 것이었다.

아이들은 이 과제를 수행하면서 무척 흥미 있는 깨달음을 얻게 되었다고 한다. 똑같이 물을 주는데도 '예쁜아, 예쁜아' 하고 사랑스럽게 불러주며 기른 꽃나무는 보기에도 윤이 나고 튼튼하게 자랐다. 그런데 '멍청아, 멍청아' 하면서 기른 꽃나무는 눈에 띄게 초라해졌다는 것이다.

말 못 하는 식물도 이처럼 자신을 향한 사랑을 그대로 느낀다는 것이다. 예쁜 이름을 부르는 동안 주인의 마음속에는 꽃나무에 대한 애정이 절로 샘솟았을 것이다. 이름 자체에 이미 정이 듬뿍 배어 있기 때문이다. 반면에 멍청이라는 어감이 뿜어내는 부정적인 이미지도 식물에 고스란히 영향을 끼쳤다.

하물며 그 대상이 사람이라면 어떨까? 내가 하는 칭찬 한마디가 사소한 것 같아도 어쩌면 상대방의 인생을 바꿀지도 모른다. 리크루팅 대상자를 빨리 우리 식구로 만들려고 한다면 먼저 그의 기를 살려줘라. 기를 살려주는 방법 중 하나가 바로 칭찬 전략이다.

전화할 때마다 칭찬하라

"전 하루에 3명 이상에게 매일 전화해요. 무슨 이야기를 하냐고요? 별다른 이야기는 없어요. 그냥 칭찬의 말만 하고 끊어요." 한 세일즈 매니저가 자신의 리크루팅 비결을 묻는 질문에 대답한 말이다.

그는 매일 리크루팅 대상자에게 전화를 한다. 특별히 할 말이 있어서 하는 것이 아니다. 날마다 하루에 하나씩 칭찬거리를 만들어 칭찬의 말만 한다는 것이다. "그런데 희한하게도요, 제가 한 일이라곤 그 사람의 좋은 점을 찾아 칭찬만 해줬을 뿐인데, 금방 우리 식구가 되더라고요."

사람은 칭찬을 먹고 산다고 했다. 칭찬을 들을 때마다 상대방은 조금씩 용기를 갖게 되고 이것이 쌓여 자신감으로 연결되는 것이다. 칭찬의 말 속에는 사랑이 담겨 있다. 칭찬의 말 속에는 관심이 담겨 있다.

칭찬을 한다는 것은 상대방에게 그만큼 관심이 많다는 것이고, 애정 또한 크다는 것이다. 그래서 상대방은 칭찬의 말을 들으면서 자신에 대한 상대방의 마음과 사랑을 느끼는 것이다.

칭찬의 말을 입에 달고 살아라

칭찬의 말을 몇 가지 준비하라. 즐겨 쓰는 칭찬의 말을 서너 가지 만들어라. 그리고 입만 열었다 하면 칭찬의 말을 하라. 이 사람에게도 똑같은 칭찬, 저 사람에게도 똑같은 칭찬을 해도 괜찮다. 무미건조한 업무적인 이야기로 설득하려고 하는 사람보다 칭찬의 말 한마디를 하는 것이 백배 천배 효과가 크다.

보다 적극적인 방법은 매일 리크루팅 대상자 카드를 보면서 칭찬거리를 찾는 것이다. 이것이 맞춤칭찬 방법이다. 칭찬을 잘 한다는 것은 그만큼 그 사람에 대해 관심이 많다는 것이고, 그 사람을 간절히 원한다는 마음의 표시이다.

Key Point 리크루팅의 칭찬 전략 3단계

대상자 카드 연구 → 칭찬거리 찾기 → 칭찬전화 하기

체험 마케팅으로 풀어라

망하는 목욕탕 vs 뜨는 찜질방

요즘 목욕탕 주인들의 코가 쑤~욱 빠져 있다. 입이 이만큼 나와 있다. 한숨만 푹푹 쉬면서 하는 말이 "요새는 기름값도 안 나온다. 물값 대기도 힘들다"고 하소연한다. 왜 그럴까? 목욕탕에 오는 손님이 뚝 떨어졌다고 한다. 그러면 목욕탕에 가던 사람들이 다 어디로 갔단 말인가? 모두들 찜질방으로 몰려가고 있다는 것이다.

한 찜질방에 가보았다. 이 찜질방에서는 수요일 저녁에 레크리에이션 강사를 초빙해서 레크리에이션을 하기도 하고, 주부가요 열창을 열어 찜질방에 온 손님들이 흥겨운 시간을 갖도록 해주었다. 목요일 저녁에는 요가 전문가를 초청해서 찜질방 손님들이 요가를 따라하게 하기도 했다. 금요일 저녁에는 재테크 전문가를 초청해서 '부자 되는 방법', '목돈 만드는 방법', '세금 절약하는 방법' 등을 가르쳐주었다.

지금의 고객들은 단순히 때 벗기는 것만으로는 만족하지 못한다. 때 벗기는 것은 기본이고, 그 이상의 무엇인가를 원하는 것이다. 단순히 앉아서 손님이 오기만 기다리는 목욕탕은 망해가고 있다. 대신 손님들이 함께 참여하는 프로그램으로 유익한 시간을 만들어주는 찜질방이 뜨고 있는 것이다.

세미나 마케팅을 아는가

"우리는 분기에 한 번씩 정기적인 세미나 이벤트를 만들고 있어요." 한 매니저가 하는 말이다. 매 분기마다 세미나 이벤트를 만들어 리크루팅 대상자를 참여하게 한다고 한다. 재테크 관련 강좌, 건강테크 강좌, 인생성공 강좌 등을 정기적으로 실시한다는 것이다.

"이 방법은 한 번으로 끝내면 효과가 없어요. 정기적으로 지속적으로 실시해야 효과가 있어요. 그리고 얼마나 치밀하게 준비하느냐에 따라 성과가 달라집니다."

그는 이 행사를 성공적으로 만들기 위해서 매일 세일즈 매니저와 1:1로 면담하여 참석 대상자를 확인하고, 날짜별로 중간 점검하는 과정을 거친다고 했다. 이 행사를 진행하면서 그는 1석 2조의 효과를 얻게 되었다고 한다.

세일즈 매니저에게는 리크루팅 대상자를 집중적으로 찾게 하는 동기부여의 장이 되었고, 팀원들은 다른 팀과 선의의 경쟁을 하면서 결속을 다지게 되었다는 것이다. 또한 기존 사원에게는 새로운 배움의 장을 만들어주고, 리크루팅 대상자에게는 참여하는 기회의 장이 되었다는 것이다.

체험 마케팅으로 풀어라

최근 '체험 마케팅'이 새로운 트렌드로 뜨고 있다. 기존의 전통적인 마케팅은 상품의 특징과 편익에 초점을 맞춘 것이었다. 그러나 체험 마케팅은 고객의 경험과 체험에 초점을 둔다. 경험이란 어떤 상황에 참여하고, 겪고, 그리고 살아가면서 생기는 것이다. 체험이란 감각적, 인지적, 행동적, 그리고 관계적 가치를 만들어준다.

기존의 리크루팅 방법은 우리의 입장에서 설득하고 면담하는 데 초점이 맞춰져 있었다. 체험 마케팅은 리크루팅 대상자가 참여하면서 스스로 느끼고 경험하게 하는 방법이다. 이제는 리크루팅 방법도 바뀌어야 한다. 같이 참여하고 경험하게 하면서 리크루팅 대상자가 스스로 변하여 결정하게 하는 방법으로 바뀌어야 한다.

예전이나 지금이나 똑같은 방법으로 앉아서 손님을 기다리는 목욕탕은 망해가고 있고, 고객들이 같이 참여하면서 무언가 새로운 경험을 하게 하는 찜질방은 뜨고 있다는 사실을 잊지 말자.

옛날과 똑같은 방법으로 리크루팅 대상자를 기다리는 사람은 실패하고, 세미나 마케팅 등과 같이 리크루팅 대상자를 적극적으로 참여시키는 프로그램을 운영하는 사람은 성공한다. 리크루팅에도 체험 마케팅을 접목시켜야 한다.

Key Point 체험 리크루팅 프로그램 개발의 필요성

전통적인 리크루팅 방법	참여하는 리크루팅 방법
우리 입장에서 설득하는 전략	참여하면서 스스로 변하는 전략

와서 눈으로 보게 하라

빨리 친해지는 방법

"사람과 빨리 친해지는 방법은 그 사람을 집으로 초대해서 식사를 같이 하는 것이에요. 그것보다 더 좋은 방법은 없던데요." 한 세일즈 매니저가 하는 말이다. 그는 리크루팅 대상자가 있으면 어떻게 해서든 자기 집으로 오게 만든다고 한다. 그래서 자기가 살고 있는 모습을 있는 그대로 보여준다는 것이다.

"사람은 누구나 자기만의 숨기고 싶은 비밀이 있거든요. 그 마지막 보루가 바로 집이에요. 그런데 그것을 보여주면 더 이상 숨길 게 없죠." 그가 이어서 하는 말이다.

리크루팅 대상자를 집으로 오게 하는 이유는 그 사람에게 자기가 사는 모습을 보여주기 위해서라고 한다. 사는 모습을 보여주면 그 사람에게 더 이상 숨길 게 없다는 것이다. 그러니 이후로 그 사람을 대할 때 사실대로 꾸밈 없이 편하게 대할 수 있게 된다. 또 상대방은 그가 사는 모습을 보고 나서 마음의 벽이 없어지고 자연스럽게 자기가 사는 모습도 보여주게 되더라는 것이다.

"집으로 초대했으면 반드시 식사를 같이 하는 것이 키 포인트예요." 그는 집으로 사람을 초대했으면 반드시 식사를 같이 하라고 강하게 권한다. 꼭 진수성찬이 아니어도 괜찮다. 김치에 국 하나만 있어도 괜찮다. 식사를 같이 하고 나면 금방 친해지더라는 것이다. 집으로 초대해서 식사를 같이 하고 나면 인간적으로 편하게 만날 수 있게 된다는 것이 이 세일즈 매니저가 하는 말이다.

Come and See(와서 보라!)

또 한 가지 방법은 리크루팅 대상자가 있으면 어떤 방법을 동원해서라도 꼭 한 번 사무실로 오게 하라. 사무실에 와서 우리가 사는 모습을 보여주라는 것이다. "백문이 불여일견(百聞不如一見)이라고 하잖아요. 백 번 물어보는 것보다 한 번 보는 것이 더 낫다는 말이에요. 리크루팅 대상자에게 우리가 사는 모습을 직접 보여주는 것이 백 번 설명하는 것보다 더 효과가 있어요."

한 지점에 간 적이 있다. 이 지점에는 면담실이 하나 있다. 리크루팅 대상자가 오면 반드시 이 방에서 면담을 한다. 이 면담실 벽면에는 현재 활동하고 있는 사원들의 사진이 액자에 걸려 있었다. 그리고 그 액자 밑에는 사원들을 설명하는 문구가 간단히 적혀 있었다. 생년월일, 가족사항, 좌우명, 최고 급여금액, 세일즈 철학 등이 적혀 있었다.

또 한쪽 벽면에는 지점에서 행사가 있을 때마다 찍은 사진, 각종 상을 수상한 사람들의 수상장면과 소감 등이 진열되어 있었다. "이 사진들만 봐도 우리가 무슨 일을 하는지 다 알아요. 굳이 설명하지 않아도 되지요."

와서 보면 생각이 달라진다

"저도 처음에는 많이 망설였죠. 그런데 사무실에 와서 사진들을 보고 생각이 달라졌어요. '한번 해보자'는 마음이 생기게 된 거죠." 입사 1년 된 한 세일즈맨이 하는 말이다. 사무실에 와서 직접 눈으로 확인하고 나니 생각이 바뀌었다는 것이다.

리크루팅 대상자를 빨리 우리 식구로 만들고 싶다면 우리가 사는 모습을 보여줘라. 일단 사무실로 오게 하라. 그리고 우리가 사는 모습을 보여줘라. 그러면 이미 50%는 성공이다.

Key Point 'Come and See(와서 보라)' 작전

공통점을 찾아라

취미를 알면 50%는 성공이다

"모두들 제가 리크루팅을 잘 한다고 하는데요, 뭐 특별한 비법이 있는 것은 아니에요. 전 리크루팅 대상자가 있으면 가장 먼저 그 사람의 취미부터 파악하죠." 대형 조직을 만든 한 세일즈 매니저가 말하는 리크루팅 비법이다.

그는 리크루팅 대상자를 소개받으면 가장 먼저 집중적으로 체크하는 것이 있다고 한다. 그 사람의 특이사항이 무엇인가를 찾는 일이다. 그가 좋아하는 것이 무엇인가, 싫어하는 것이 무엇인가를 먼저 찾는다고 한다. 그러면 그 사람에게 접근하는 방법이 보이더라는 것이다.

"이 친구는 등산을 좋아해요. 그 덕분에 우리가 지금은 분기에 한 번 정도 다 같이 등산을 하고 있습니다만, 이 친구를 맨 처음 도입할 때 어떻게 한 줄 아세요?" 옆에 있는 후배 사원을 가리키며 그가 하는 말이다.

소개자를 통해서 그가 등산을 좋아한다는 이야기를 들었다고 한다. 그의 취미가 등산이라는 것을 알고 그가 산행을 할 때 따라 나섰다는 것이다. 등산을 하는 동안에 자연스럽게 이런저런 얘기를 하게 되었고, 쉽게 친해질 수 있었다.

"이 친구가 우리 식구가 될 때까지 제가 이 친구와 함께 몇 번이나 등산한 줄 아세요. 음~ 가장 처음이 북한산이었고, 그 다음이 수락산, 그리고 전남 영암에 있는 월출산, 원주에 있는 치악산, 총 네 번이었네요, 하하." 그가 웃으면서 하는 말이다. "취미를 알면 이미 50%는 성공이에요."

그가 말하는 리크루팅 비법은 먼저 취미가 무엇인가를 알아내고, 그 취미를 같이 할 수 있는 방법을 찾으라는 것이다.

코드가 맞아야 한다

그가 들려주는 또 다른 리크루팅 사례이다. "이 친구는 원조 음식점을 찾아다니길 좋아해요. 미식가들은 음식점이 허름해도 맛있는 집만 찾아다닌다고 하잖아요. 이 친구가 바로 그런 사람이에요."

소개받은 리크루팅 대상자가 특색 있는 음식점에서 식사하는 것을 좋아한다는 말을 듣고 그와 만날 때는 그 지역에서 유명한 음식점을 미리 선정해서 만났다고 한다. 이번에 만날 때는 황태해장국으로 유명한 집, 다음에 만날 때는 수제비로 유명한 집, 그 다음에 만날 때는 추어탕으로 유명한 집 등 주변에서 유명하기로 소문난 집만 골라서 식사를 같이 했다고 한다.

"지금은 서울 시내 유명한 음식점은 한 번 정도는 거의 다 다녀 봤을걸요. 음식에 대한 코드가 통해서 쉽게 리크루팅으로 연결된 경우죠."

연결고리를 만들어라

사람과 빨리 친해지는 방법은 서로 공유할 수 있는 무엇인가가 있어야 한다. 생각이 비슷하거나, 성격이 비슷하거나, 행동이 비슷하면 금방 가까워진다. 리크루팅을 잘 하는 사람들을 보면 연결고리를 찾는 데 명수들이다. 즉 상대방과 나의 공통점을 찾아내서 그 공통점에 활동력을 집중하는 것이다.

Key Point 리크루팅 대상자와의 연결고리 활용 전략

리크루팅을 못 하는 사람	공통점만 찾는다 그 다음 행동이 없다
리크루팅을 잘 하는 사람	공통점이 없으면 의도적으로 만들어서 접근한다

애 · 경사를 놓치지 마라

예상하지 못한 행동을 하라

사람은 작은 것에 감동한다. 어떤 특별한 것이나 대단한 것에 감동하는 것이 아니라 작은 것, 하찮은 것에 감동한다. 사람은 뜻밖의 선물에 감동을 받는다. 당연한 사람한테 선물을 받는 것이 아니라 전혀 예상하지 못한 사람으로부터 뜻밖의 선물을 받았을 때 감동하게 된다.

지금은 억대 연봉을 받고 있는 한경애 씨가 처음 세일즈 활동을 시작할 때 세일즈를 하겠다고 결심하게 만든 사례이다. 언젠가 생일에 있었던 일이란다. 생일 아침에 남편이 그녀에게 생일 선물을 주는 것은 당연한 일이다. 아이들이 엄마 생일선물이나 카드를 주는 것 또한 당연한 일이다. 당연히 받을 사람들에게 받았기 때문에 고마운 마음은 있다 하더라도 감동하는 마음은 없었다고 한다.

그런데 생일 오후에 전혀 뜻밖의 사람으로부터 조그만 선물을 받고 그렇게 감동을 받았다고 한다. 지난번에 몇 번 만난 세일즈 매니저가 오후에 집으로 찾아와서는 생일을 축하한다면서 생일 케이크와 꽃다발을 안겨주더란다.

자기 생일을 기억해줄 것이라고는 생각도 못 한 사람으로부터 생일선물을 받은 것이다. 전혀 예상하지 못한 사람으로부터 뜻밖의 선물을 받고 감동했다고 한다. 그것이 계기가 되어 그 사람에게 호감을 갖게 되었고, 이후 활동을 하기로 결심하게 되었다는 것이다.

사람을 내 편으로 만들려면 허를 찔러야 한다. 상대방이 예상하지 못한 행동을 하라는 것이다. 예상하지 못한 사람으로부터 예상하지 못한 선물을 받았을 때 감동이 커지는 것처럼, 예상하지 못한 행동으로 상대방을 감동시켜야 그 사람을 빨리 내 편으로 만들 수 있다.

생일이나 결혼기념일은 꼭 기억하라

리쿠루팅 대상자의 애 · 경사를 챙겨라. 리크루팅 대상자를 빨리 우리 식구로 만들기를 원한다면 그 사람의 애 · 경사를 놓쳐서는 안 된다. 내 생일은 잊어도 리크루팅 대상자의 생일은 잊어서는 안 된다. 내 결혼기념일은 잊는 일이 있어도 리크루팅 대상자의 결혼기념일을 잊어서는 안 된다.

한 세일즈 매니저의 리크루팅 다이어리를 본 적이 있다. 그는 다이어리에 리크루팅 대상자의 애 · 경사를 월별로 빼곡하게 적어놓았다. 리크루팅 대상자에게 축하해줄 날이 되면 아침 일찍 휴대폰으로 문자 메시지를 보낸다. 그러면 그 사람은 먼저 휴대폰을 통해서 그가 보낸 축하 메시지를 받게 된다.

다시 오전 중에 일부러 전화를 걸어 축하인사를 한다고 한다. 여기에서 끝나는 것이 아니다. 오전 중에 그 사람에게 이번에는 이메일로 축하카드를 보낸다. 그러면 그 사람은 이미 문자 메시지로, 전화로, 이메일로 그가 보낸 축하 메시지를 세 번이나 받게 된다.

그러고 나서 오후에 일부러 시간을 내어 그 사람을 직접 찾아간다고 한다. 물론 작은 선물을 준비해서 말이다. 이것이 그가 사람을 빨리 내 편으로 만드는 비결이라고 한다.

마음의 빚을 만들어줘라

똑같은 방법에는 감동이 없다. 남들이 다 하는 평범한 방법으로는 상대방을 감동시키지 못한다. 무엇인가 다른 행동을 해야 한다. 리크루팅하기를 원한다면 리크루팅 대상자의 애 · 경사를 챙겨라. 그리고 그 애 · 경사에 톡톡 튀는 아이디어로 어떻게 그 사람을 감동시킬 것인지 연구하라.

사람을 얻으려면 허를 찌르라고 했다. 마음에 빚을 만들어주라고 했다. 전혀 예상하지 못한 사람으로부터 뜻밖의 선물을 받게 될 때 상대방은 감동하고 마음의 빚을 지게 된다. 리크루팅 대상자를 감동시키고 마음의 빚을 만들어주었다면 그 사람은 이미 우리 식구가 된 것이나 다름없다.

Key Point 리크루팅 대상자 애 · 경사 관리

리크루팅 대상자 감동시키기 전략	
	1. 예상하지 못한 선물을 하라
	2. 마음의 빚을 만들어줘라
	3. 되도록이면 직접 찾아가서 만나라
	4. 다양한 형태로 축하방법을 연출하라

면접은 단계가 많을수록 좋다

면접을 강하게 하라

우량 사원을 도입하려면 면접을 강하게 해야 한다. 면접이 허술하거나 약하면 부실 사원이 양산되고, 면접이 강하면 강할수록 우량 사원이 배출된다. 우량 사원을 얻기를 원한다면 면담과정을 다양하게 하고 강하게 운영해야 한다.

"저는 처음에 면접받을 때 얼마나 떨었는지 아세요? 지점장님 면접 있었죠, 본부장님 면접 있었죠. 그런데 본부장님 면접은 왜 그렇게 깐깐하던지요." 입사한 지 2년 된 한 세일즈맨이 하는 말이다. 그는 면접을 하면서 속으로 '혹시 이거 떨어지는 거 아냐?' 하는 생각이 들더란다. 그런데 며칠 후 합격했다는 소식을 들었을 때 얼마나 기뻤는지 모른다고 한다. '세일즈맨은 아무나 되는 것이 아니구나' 하는 생각을 갖게 되었다는 것이다.

현장에서 리크루팅에 임하는 모습을 보면 크게 두 가지로 구분

되는 조직이 있다. 한 조직은 면접과정이 없다. 세일즈 매니저가 데려오면 무조건 100% 합격이다. 이 조직은 사원들이 오합지졸이다. 사원들의 연령대도 높고, 색깔도 각양각색이다. 또 영업하는 방법도 예전이나 지금이나 변함이 없다. 가장 특징적인 것은 사원 1인당 생산성이 극히 낮다.

다른 한 조직은 면접이 굉장히 엄격하다. 우선 면접단계가 만만치 않다. 세일즈 매니저가 리크루팅 대상자를 데려오면 매니저의 면담이 있기 전에 적성검사부터 받아야 한다. 적성검사를 받다 보면 마치 수능시험을 치르는 것 같은 기분이 든다고 한다.

다음으로 매니저 면접이 두 번에 걸쳐 진행된다. 그 다음이 본부장 면접을 거쳐 최종적으로 합격 여부가 결정된다. 이 조직은 탈락사원이 거의 없다. 이 조직은 사원들의 자부심이 대단하다. 그 결과 이 조직은 1인당 생산성이 굉장히 높다.

1:1 면접방법을 선택하라

우량 사원을 도입하는 조직과 부실 사원을 도입하는 조직은 면접방법에서도 차이가 난다. 먼저 부실 사원을 양산하는 조직에서는 면접방법이 집단면접인 경우가 많다. '총동원의 날'을 정해서 사원들에게 리크루팅 대상자를 동원하게 한 후 이 사람들을 한 장소에 모아놓고 집단 사업설명회를 가진다. 이것은 면접이라고 할 수도 없다.

그럼 우량 사원을 도입하는 면접방법을 보자. 이 조직은 면접

하는 날짜가 따로 정해져 있지 않다. 한 달 내내 언제든지 면접이 가능하다. 리크루팅 후보자가 있으면 하루에 한 명씩 미리 정한 날짜에 면접을 한다. 그것도 20분 가량의 형식적인 면접이 아니라 2시간 이상 진행된다.

이 면접과정을 지켜보다 보면 '한 송이 국화꽃을 피우기 위해 소쩍새는 봄부터 그렇게 울었나 보다' 하는 서정주 시인의 〈국화 옆에서〉라는 시가 생각난다. 한 명의 우량 신인을 얻기 위해 얼마나 치열하게 노력하는지 그 모습에 감탄하지 않을 수 없다.

Key Point 우량 사원을 찾는 면접방법

강한 면접	1:1 면접	철저한 준비

6장

리크루팅 행동방법

길거리를 헤매본 적이 있는가

아픈 만큼 성숙해진다

한 매니저가 있다. 지금은 리크루팅 잘 하기로 꽤나 유명해진 사람이다. 그가 초기에 리크루팅할 때의 에피소드이다. 처음에는 리크루팅 대상자를 찾지 못했다고 한다. 날마다 한 명씩 만나겠다고 굳게 결심했지만 막상 만날 대상자가 없더라는 것이다. 그래서 하루는 무작정 거리로 나섰다고 한다.

갈 곳이 어디라고 정해진 것도 아니다. 일단 사무실을 나서면 어디론가 갈 수 있지 않을까 싶어서 무작정 나선 것이다. 그러나 막상 거리로 나서 보니 갈 곳이 막막하더란다. 발길 닿는 대로 터벅터벅 걷다 보니 어느 새 종로 1가에서 종로 6가까지 걷게 되었다고 한다.

혼자 터벅터벅 걷다 보니 별의별 생각이 다 들더란다. 한편으로는 비참하기도 하고 서글프기도 했단다. 그러나 다른 한편으로는 오기가 생기더란다. 이런 대책없는 무식한 방법으로는 안 되겠다, 이런 주먹구구식 방법으로 리크루팅에 임해서는 안 되겠다는 생각을 갖게 되었다고 한다.

대책이 필요하다

눈물 젖은 빵을 먹어본 적이 있는가? 눈물 젖은 빵을 먹어보지 않은 사람은 인생에 대해 논하지 말라고 한다. 어렵고 힘들었던 시절의 괴로움과 고통을 모른다는 말일 것이다. 길거리를 헤매본 적이 있는가? 길거리를 헤매본 적이 없다면 리크루팅을 논하지 마라. 면담 대상자를 찾아야 한다는 그 절실함을 모르기 때문이다.

그 이후 이 매니저는 두 번 다시 길거리를 헤매는 일이 없도록 집중적으로 대상자 찾는 일에 몰두했다고 한다. 사원들로부터 대상자 소개받기, 협력자들에게 이름소개 부탁하기, 주변 사람들에게 1인 1명 소개받을 때까지 물고 늘어지기 등 다양한 방법으로 대상자 찾는 일에 몰두하게 되었다고 한다.

그가 책상 서랍에서 한 다발의 서류뭉치를 꺼내 보여주었다. 그때 집중적으로 소개받았던 사람들을 이렇게 대상자 카드로 만들어 지금까지 보관하고 있다고 한다.

"이 카드들 덕분에 그 이후 길거리를 헤매는 일은 없었습니다, 하하."

당신도 한번 해보라

이 매니저는 무작정 길거리로 뛰쳐나오는 혈기가 있었기에 오늘의 조직을 만들 수 있었다. 대책없이 길거리를 헤매는 무모함이 있었기에 대상자를 찾아야 한다는 절실함도 깨닫게 되었다. 때로는 무모한 행동도 필요하다. 때로는 어리석은 시행착오도 필요하다. 그러한 과정을 통해서 대안을 찾아낼 수 있기 때문이다.

리크루팅 대상자를 찾지 못했는가? 그러면 당신도 오늘 길거리를 헤매보는 것은 어떨까?

Key Point 리크루팅 행동 발전단계

무모한 도전 → 현실적 대안 찾기 → 구체적 접근 방법 찾기

계획, 실천, 검토를 실행하라

1일 3성하라

우리는 흔히 '1일 3성(一日三省)' 하라고 한다. 하루에 3번 이상 자신을 돌아보라는 말이다. 이순신 장군이 기록한 《난중일기》를 기억할 것이다. 이순신 장군은 임진왜란이 일어났을 때부터 노량해전에서 전사하기 전날까지 6년 11개월, 2,539일 동안 일기를 써서 《난중일기》로 남겼다.

내일 전투의 승패를 가늠하기 어려운 긴장감 도는 전장에서도 자기반성과 혁신의 자세로 그날의 문제점을 되짚어보고, 내일의 전략에 대한 구상을 상세하게 기록했다. '1일 3성' 의 되새김과 기록이 그의 기적을 만드는 밑거름이 된 것이다.

리크루팅에 성공하려면 '1일 3성' 을 철저하게 실천하라. 아침에 생각하고, 낮에 실천하고, 저녁에 반성하는 것을 게을리 하지 말아야 한다. 그러나 대부분의 사람들에게는 이러한 행동이 없다. 그냥 막연하게 생각하고 막연한 방법으로 접근한다. 그렇기 때문에 구체적인 결과가 나타나지 않는 것이다.

계획(Plan)-실천(Do)-검토(See)

리크루팅을 잘 하기를 바라는가? 그러면 1일 3성하는 방법을 철저하게 실행하라. 리크루팅을 잘 하는 한 세일즈 매니저의 하루 일과를 따라가 보았다.

그는 아침에 출근하면 오늘 만날 사람들의 명단을 적는 일부터 한다. 그리고 낮에는 그 사람들 중 한 명 이상의 사람을 만난다. 저녁에 사무실에 돌아와서는 오늘 만난 사람들에 대한 내용을 카드에 기록하고 내일의 계획을 세워놓고 퇴근한다. 그의 하루 일과는 철저하게 계획(Plan)-실천(Do)-검토(See)를 실행하는 일이었다.

먼저 아침에는 오늘 만날 대상자들의 이름을 종이에 적어라. 이것이 계획(Plan)이다. 막연하게 누굴 만날까 생각하는 것이 아니라 구체적으로 누구누구를 만날 것인지 종이에 적는다. 머리로만 생각하는 것은 소극적인 행동이지만 종이에 적는 것은 적극적인 행동이다. 아침 계획은 구체적으로 세워야 한다.

다음으로 오후에는 반드시 한 명 이상을 만나라. 이것이 실천(Do)이다. 아무리 못 만나도 하루에 한 명은 반드시 만나야 한다. 얼굴 익히기 만남이어도 상관없다. 친숙만남이어도 괜찮다. 어떤 형태로든 하루에 한 명은 만나야 한다. 리크루팅은 만남이 있어야 결과가 있기 때문이다.

마지막으로 저녁에 사무실에 들어오면 오늘 만난 사람에 대한 결과를 점검하라. 이것이 검토(See)이다. 오늘 만난 결과를 구체적으로 일기 쓰듯이 기록으로 남겨라. 기록을 해야 무엇이 문제인지 알 수 있고, 문제가 무엇인지 정확하게 알아야 다음에 어떻게 대처할 것인지 해결책을 찾을 수 있다.

기초가 튼튼해야 한다

'사상누각(沙上樓閣)' 이라는 말이 있다. 모래 위에 세운 집이라는 말로 기초가 튼튼하지 못하면 오래 가지 못한다는 뜻이다. 집이 오래 가려면 기초를 튼튼히 해야 한다. 리크루팅을 잘 하려면 기초활동에 충실해야 한다. Plan-Do-See는 리크루팅 활동에 있어 기초활동이다. 이 기초활동이 없으면 리크루팅은 지속적인 결과를 바랄 수 없다. 리크루팅에서 성공하려면 반드시 습관을 들여야 하는 행동이 바로 Plan-Do-See이다.

Key Point 리크루팅 '1일 3성' 전략

Plan (계획)	Do (실천)	See (검토)
아침 대상자 이름 적기	오후 하루 한 명 이상 만나기	저녁 기록으로 남기기

자신에게 채찍질하라

리크루팅 활동일지가 있는가

"이거요, 제 자신에게 올가미를 씌우는 거예요." 한 세일즈 매니저가 하는 말이다. 그는 매일 저녁 퇴근하기 전에 리크루팅 활동일지를 쓴다. "하루라도 책을 읽지 않으면 입 안에 가시가 돋는다"는 안중근 의사의 말처럼 그는 하루라도 리크루팅 일지를 작성하지 않으면 퇴근하지 않는다. 하루의 활동 결과를 마무리하는 과정이 바로 리크루팅 일지를 작성하는 것이다.

"이거 한번 작성해보세요. 아마도 일주일도 못 하고 때려치우고 싶을 걸요." 그가 자기의 리크루팅 활동일지를 보여주면서 하는 말이다. 그는 누가 시켜서 리크루팅 활동일지를 쓰는 것이 아니란다. 스스로 리크루팅 활동일지를 만들어 매일 퇴근하기 전에 작성하는데, 이것을 작성할 때만큼 큰 스트레스를 받을 때도 없다고 한다. 누가 시켜서 하는 것도 아니고 자기 스스로 하는 것인데도 활동일지를 작성할 때는 엄청난 스트레스를 받는다는 것이다.

'도대체 오늘 내가 리크루팅을 위해서 무엇을 했나?' 를 스스로 점검하기 위해 그는 매일 리크루팅 일지를 작성하는데 처음에는 던져버리고 싶은 생각이 한두 번 든 게 아니었다고 한다. 특히 리크루팅에 대한 특별한 행동이 없을 때는 던져버리고 싶은 생각이 절실하더라는 것이다.

그러나 그는 오늘과 같은 대형 조직을 만들게 된 것은 모두 리크루팅 활동일지 덕분이라고 힘주어 말한다. 매일 리크루팅 일지를 쓰면서 자기 자신에게 채찍질하고 또 채찍질했던 행위가 있었기에 오늘과 같은 조직을 만들 수 있었다는 것이다.

리크루팅 활동일지를 작성하라

리크루팅은 머리로 하는 것이 아니라 행동으로 하는 것이라고 했다. 리크루팅을 행동으로 옮기기 위해서는 구체적인 실천방법이 필요하다. 막연한 방법으로 접근하는 것이 아니라 구체적인 행동방법을 찾아야 한다. 그 방법 중 하나가 리크루팅 활동일지이다.

퇴근하기 전에 오늘 내가 리크루팅을 위해서 어떤 행동을 했는지 구체적으로 적어보라. 막연히 머리로 생각하는 것보다는 손으로 직접 써보는 것이 더 효과적이다. 활동일지를 앞에 놓고 항목별로 무엇을 했던가를 조목조목 적어 내려가다 보면 내일은 무엇을 해야 할지 분명하게 보일 것이다.

스스로 채찍질하라

세일즈는 자기 자신과의 싸움이다. 자기와의 싸움에서 밀리면 세일즈는 끝장이다. 마찬가지로 리크루팅도 자기 자신과의 싸움이다. 자기 자신과의 싸움에서 이겨야 리크루팅을 할 수 있다.

리크루팅 일지를 작성하는 것은 자신과의 싸움이다. 머리로 리크루팅을 풀어가려고 하는 자신, 가만히 앉아서 리크루팅이 잘 되기를 바라는 자신과의 싸움이다. 날마다 리크루팅을 위해서 자기 자신에게 채찍질을 가하는 것이 리크루팅 일지를 작성하는 방법이다.

Key Point 리크루팅 활동일지 활용 전략

리크루팅 활동일지

1. 막연한 리크루팅 방법 (×)
2. 앉아서 기다리는 리크루팅 방법 (×)
3. 구체적인 행동방법 (○)
4. 오늘의 활동 결과 점검 (○)
5. 내일의 활동계획 수립 (○)

리크루팅 1일 활동일지

200 년 월 일

<table>
<tr><td rowspan="2">구분</td><td rowspan="2">대상자</td><td rowspan="2">시간</td><td rowspan="2">결과</td><td colspan="3">월 활동량</td></tr>
<tr><td>전일누계</td><td>오늘</td><td>누계</td></tr>
<tr><td>면접</td><td></td><td></td><td></td><td></td><td></td><td></td></tr>
<tr><td>방문</td><td></td><td></td><td></td><td></td><td></td><td></td></tr>
<tr><td>전화</td><td></td><td></td><td></td><td></td><td></td><td></td></tr>
<tr><td rowspan="2">DM</td><td>작성</td><td>발송</td><td>중점 추진대상</td><td rowspan="2"></td><td rowspan="2"></td><td rowspan="2"></td></tr>
<tr><td></td><td></td><td></td></tr>
<tr><td rowspan="2">가망객
카드</td><td>A급</td><td>B급</td><td>C급</td><td rowspan="2"></td><td rowspan="2"></td><td rowspan="2"></td></tr>
<tr><td></td><td></td><td></td></tr>
<tr><td>기타
활동
체크</td><td colspan="6">1. 새로운 아이디어나 특이사항이 있었습니까? □
2. 홍보물을 생각해보셨습니까? □
3. 협력자는 확보하셨습니까? □
4. 오늘 리크루팅 대상자 카드를 보셨습니까? □
5. 오늘 만난 사람들에게 리크루팅 얘기를 10번 이상 하셨습니까? □</td></tr>
</table>

3가지 행동방법이 있다

찾아가라

리크루팅을 풀어가는 방법에는 3가지가 있다. 첫째는 찾아가는 방법이다. 가장 기본적이고 적극적인 방법이다. 둘째는 찾아오게 하는 방법이다. 리크루팅 고수들이 쓰는 전략이다. 셋째는 감동시키는 방법이다. 영업 달인들이 쓰는 전략이다.

먼저 찾아가는 방법부터 보자. 이 방법은 가장 고전적이면서도 가장 적극적인 방법이다. 앞에서도 누차 강조한 말이지만 리크루팅은 만남의 비즈니스이다. 리크루팅 대상자가 있으면 일단 만나봐야 한다. 그 사람이 앞으로 우리 식구가 될 수 있을지 없을지는 일단 만나봐야 알 수 있다. 만나지도 않고 가능성 여부를 판단하는 것은 가장 어리석은 방법이다.

"전 가장 무식한 방법을 써요. 제가 좀 '무데뽀' 거든요. 그러나 전 이 방법이 가장 옳은 방법이라고 생각해요." 한 세일즈 매니저가 하는 말이다. 그는 리크루팅 대상자가 있으면 무조건 쫓아간다고 한다. 다른 사람들이 "이 사람은 안 될 거야"라고 말하더라도 일단 만나고부터 본다. '된다, 안 된다'는 자신이 직접 만나보고 판단하겠다는 것이다.

리크루팅에는 이러한 '무데뽀' 정신이 필요하다. 무조건 돌격하는 저돌적인 추진력이 필요하다. 머릿속으로 이것저것 재는 사람은 리크루팅을 못 한다. 무조건 돌격하는 '무데뽀' 정신으로 리크루팅 대상자를 찾아가서 만나라.

오게 하라

두 번째 방법은 리크루팅 대상자를 우리 사무실로 찾아오게 하는 것이다. 이 방법은 리크루팅 대상자와 친숙관계가 형성되었을 때 가능한 방법이다. 처음부터 사무실로 찾아오는 사람은 없다. 서로 친해지고 마음의 벽이 없어졌을 때 가능한 방법이다.

"초기에는 제가 찾아가지만, 어느 정도 친해지고 나면 리크루팅 대상자를 되도록 제 사무실로 오라고 해요." 사무실로 오게 해서 우리가 하는 일을 보여준다는 것이다. "사무실에 오라고 할 때는 부담감을 주지 말아야 합니다. 부담감을 주면 안 돼요." 부담감을 주지 말고 자연스럽게 자주 오게 만들라는 말이다.

한 번 와서 보고, 다음에 다시 와서 보고…… 이렇게 3번만 하면 누구나 신입사원이 되더라는 것이다. 사무실에 오는 사람은 어느 정도 관심이 있는 사람이다. 이들은 사무실에 와서 보고 갈 때마다 마음이 조금씩 바뀌게 된다.

감동시켜라

세 번째는 감동시키는 방법이다. 이것은 사람을 얻는 가장 확실한 방법이다. "사람을 내 편으로 만들려면 약간의 연출력이 필요해요. 똑같은 방법이라 하더라도 어떤 아이디어를 가지고 어떻게 연출하느냐에 따라 감동이 달라지죠."

가장 대표적인 것이 생일, 결혼기념일 등 애 · 경사 관리이다. "언젠가 친구 생일이었어요. 그래서 그날 저녁 제가 그 친구를 남산 타워 꼭대기로 초대했죠. 거기서 저녁식사와 함께 술을 한잔 하고 기분이 좋아졌을 때 서울 시내를 내려다보면서 한마디 했죠. '저기 보이는 서울 시내가 다 네 시장이야. 네가 다 가져라.' 그가 바로 이 친구예요." 옆에 있는 한 사원을 가리키며 말했다. 사람을 얻으려면 감동을 연출할 줄 알아야 한다. 감동을 연출하는 사람이 리크루팅을 잘 한다.

Key Point 리크루팅의 3가지 행동방법

찾아가라 | 오게 하라 | 감동시켜라

좌우지간 작전을 선택하라

어떤 방법을 선택할 것인가

리크루팅을 실천하는 방법에는 두 가지가 있다. 하나는 앉아서 하는 방법이고, 다른 하나는 서서 하는 방법이다. 먼저 리크루팅을 앉아서 하는 방법에 대해 살펴보자.

앉아서 하는 방법은 리크루팅 대상자가 사무실로 찾아오기를 기다리는 방법이다. 리크루팅 대상자가 스스로 찾아오든, 아니면 사원이 설득해서 같이 데리고 오든 매니저는 사무실에 앉아서 기다리는 방법이다.

이는 소극적인 방법이다. 매니저가 적극적이기보다는 사원들이 적극적이기를 바라는 방법이다. 하지만 매니저가 소극적인데 사원들이 적극적이겠는가? 대부분의 사람들이 이 방법을 선택한다. 그러나 성공하는 사람은 아무도 없다.

다른 방법은 서서 하는 방법이다. 리크루팅 대상자를 찾아서 밖으로 뛰쳐나가는 방법이다. 리크루팅 가능성이 있어서 뛰쳐나가는 것이 아니다. 가능성이 있든 없든 그것은 두 번째 문제이다. 일단 만나고부터 보는 것이다.

이는 적극적인 방법이다. 매니저가 적극적으로 뛰쳐나가니 사원들도 적극적으로 임하게 된다. 안타깝게도 이 방법을 선택하는 사람이 별로 없다. 그러나 대부분의 조직에서 성공한 사람들은 이 방법을 선택한 사람들이다.

좌우지간 작전을 선택하라

어떤 방법을 선택할 것인가? 앉아서 하는 방법을 선택하든, 서서 하는 방법을 선택하든 선택권은 당신에게 있다. 따라서 리크루팅을 잘 하느냐 못 하느냐도 당신이 선택하기에 달려 있다.

"저는 뛰는 방법을 선택했어요. 처음에는 저도 앉아서 기다렸죠. 그러나 결과가 없는 거예요. 그렇다고 제 리크루팅을 다른 사람이 해주나요? 그래서 좌우지간 뛰쳐나가는 방법을 선택했죠. 그 방법밖에 없더라구요." 한 세일즈 매니저가 후배들에게 들려주는 경험담의 한 부분이다.

그는 오후시간에는 절대로 사무실에 앉아 있는 일이 없다고 한다. 만날 사람이 있든 없든 무조건 뛰쳐나간다고 한다. 앉아 있지 않고 뛰쳐나갔더니 리크루팅이 저절로 풀리더라고 말한다. 리크루팅은 앉아서 기다리면 안 된다. 아니, 세일즈 자체가 앉아서 하는 일이 아니다. 좌우지간 밖으로 뛰쳐나가야 되는 일이다.

만남의 비즈니스이다

세일즈는 확률 게임이라고 한다. 만나는 사람의 숫자에 따라서 결과가 달라진다는 것이다. 만나는 사람이 많으면 얻는 결과도 많고, 만나는 사람이 적으면 얻는 결과도 적다. 따라서 세일즈를 잘 하는 비결은 얼마나 많은 사람을 만나느냐에 달려 있다.

마찬가지로 리크루팅은 만남의 비즈니스이다. 얼마나 많은 사람을 많이 만나느냐에 따라 결과가 달라지는 사업이다. 좌우지간 작전을 선택하라. 하늘을 봐야 별을 딸 수 있다고 했다. 좌우지간 한 명이라도, 한 번이라도 더 만나봐야 뭔가가 생기지 않겠는가?

Key Point 좌우지간 작전

좌우지간 나가서

좌우지간 만나고

좌우지간 설명하라

네 나중은 창대하리라

처음은 미약하나 나중은 창대하리라

"네 처음은 미약하였으나 네 나중은 창대하리라." 성경에 나오는 말이다. 이 말은 처음에는 너무 조그마해서 별볼일없지만 나중에는 크게 될 것이라는 뜻이다. 무슨 일이든 처음부터 크게 시작하는 경우는 없다. 처음에는 작게 시작했다가 점차 크게 키워가는 것이다.

하얀 종이에 점을 하나 찍어보자. 처음에는 조그마한 하나의 점에 불과할 것이다. 너무 작아서 눈에 잘 띄지도 않을 것이다. 그러나 계속해서 점을 찍어보자. 나중에는 수많은 점들로 뒤덮일 것이고, 멋있는 풍경화가 되고 인물화가 될 것이다. 처음에는 미약한 하나의 점에 불과했던 것이 나중에는 웅장한 그림으로 변한 것이다.

지금은 사원이 80명이 넘는 성공한 매니저가 있다. 처음에는 그도 한 사람의 사원밖에 없었다. 한 명의 사원으로 시작한 것이다. 그랬던 것이 한 명을 리크루팅하고, 두 명을 리크루팅하다 보니 조직이 10명이 되고 20명이 되어 지금은 80명이 넘게 된 것이다. 처음은 미약했으나 나중은 창대해진 경우이다.

하루에 한 명씩만 만나라

리크루팅은 한꺼번에 많은 사람을 도입하라는 말이 아니다. 한 명씩 한 명씩 도입하다 보면 나중에는 많은 사람이 되는 것이다. 마찬가지로 신인을 도입하기 위해 하루에 많은 사람을 만나야 하는 것이 아니다. 하루에 한 명씩만 만나면 된다. 그 한 사람 한 사람이 모여 나중에는 많은 사람이 되는 것이다.

위에 소개했던 매니저에게 리크루팅 비법이 무엇이냐고 물었다. 그랬더니 그가 빙그레 웃으면서 이렇게 말했다. "하루에 한 명씩만 만나면 됩니다." 그는 리크루팅 대상자를 매일 한 명씩 만나야 된다는 생각을 잊지 않기 위해서 책상 앞에 크게 '한 명씩만 만나자' 라는 문구를 써붙여놓았다고 한다. 들고 다니는 다이어리 표지에도 이 문구를 붙여놓고 매일 한 명씩 만나려고 노력했던 것이 오늘의 결과를 만들었다고 한다.

리크루팅을 잘 하려면 하루에 한 사람씩만 만나라. 하루에 많은 사람을 만나려고 할 필요도 없다. 하루에 한 사람씩만 만나면 족하다. 이 한 사람이 일주일이면 7명이 되고, 한 달이면 30명이 된다.

리크루팅만 잘 하면 여기가 곧 천국이다

"리크루팅만 잘 하면 여기보다 더 좋은 천국이 없고, 리크루팅을 못 하면 여기보다 더 괴로운 지옥이 없다." 앞에 소개했던 매니저가 하는 말이다.

세일즈 매니저로 성공하는 길은 무엇인가? 바로 리크루팅이다. 그러면 리크루팅을 잘 하는 방법은 무엇인가? 하루에 한 명씩 만나는 것이다. 그것이 처음에는 미약했지만 나중에 창대해지는 비법이다.

Key Point 하루에 한 명 만나려면

7명 — 7명의 리크루팅 대상자 카드를 놓고

5명 — 그 중 5명의 대상자에게 전화해야

1명 — 1명의 면담자가 나온다

일하기 싫으면 밥 먹지도 마라

가나안 농군학교 체험학습

한 세일즈 매니저가 가나안 농군학교 체험학습에 참가했다. 가나안 농군학교에 들어서자 가장 먼저 '일하기 싫으면 먹지도 마라' 는 표어가 그의 머리를 '퉁~' 하고 강타하더란다. 가나안 농군학교에서는 식사시간마다 다음과 같은 구호를 외치고 나서 식사를 시작한다. '일하기 싫으면 먹지도 말자', '밥 한 끼에 반드시 4시간씩 일하고 먹자', '먹기 위하여 먹지 말고 일하기 위하여 먹자.'

가나안 농군학교를 다녀온 후 그의 리크루팅 패턴이 바뀌었다고 한다. '리크루팅을 생각하지 않고는 밥 먹지 말자. 리크루팅 대상자를 찾지 않고는 법 먹지 말자. 리크루팅 대상자와 만나지 않고는 퇴근하지 말자.' 이러한 마음으로 리크루팅에 임했더니 1년 만에 조직이 4명에서 12명으로 늘었다고 한다.

우리에게는 무언가 자극이 필요하다. 스스로 느끼고, 스스로 결심하고, 스스로 자신을 채찍질하는 자극이 필요하다는 것을 그를 통해 배울 수 있었다.

오전에 면담약속을 잡지 못했으면 점심을 먹지 마라

매일 아침 리크루팅 대상자를 찾으려는 노력이 없었다면 그날 점심은 먹지도 마라. 매일 아침 리크루팅 대상자에게 전화해서 면담약속을 한 명이라도 잡지 못했다면 그날 점심은 먹지도 마라.

성공하려면 배수진을 치라고 했다. 더 이상 물러날 수 없는 배수진을 치고 결사적으로 싸워야 이길 수 있다고 했다. 리크루팅에 성공하려면 이런 자세가 필요하다.

오전활동에 배수진을 쳐라. 점심시간 전까지 어떤 결과를 만들지 못한다면 점심을 먹지 않는 것이다. 오전 중에 해야 할 일은 리크루팅 접근방법 생각하기, 리크루팅 대상자 리스트 작성하기, 리크루팅 대상자에게 면담약속 잡기 등이다. 그 결과 오전 중에 한 명이라도 면담약속을 잡았으면 점심식사를 하는 것이고, 그러지 못했다면 점심 먹을 자격이 없다는 것이다. 이러한 결사적인 자세가 없다면 리크루팅을 성공적으로 해내지 못한다.

한 명이라도 만나지 않았으면 퇴근하지 마라

한 명이라도 만나지 않았으면 퇴근하지 마라. 이것은 오후활동에 배수진을 치는 방법이다. 좌우지간 오늘 한 명이라도 리크루팅 대상자를 만나야 한다는 것이다.

면담 결과 어떤 가시적인 소득이 있고 없고는 두 번째 문제이다. 먼저 대상자를 하루에 한 명이라도 만났느냐가 중요하다. 하늘을 봐야 별을 딸 수 있고, 꽃이 피어야 열매도 맺는다고 했다. 리크루팅은 일단 만나봐야 가능성 여부를 알 수 있다. 머리로만 생각하지 말고, 몸으로 직접 만나려고 노력하라. 하루에 한 명씩 만나겠다는 각오가 필요하다.

Key Point 리크루팅 1일 행동 전략

리크루팅 성공 포인트

1. 리크루팅을 생각하지 않았으면 밥 먹지 마라
2. 대상자 리스트를 작성하지 않았으면 밥 먹지 마라
3. 면담약속을 한 명이라도 잡지 못했으면 밥 먹지 마라
4. 오후활동에 한 명이라도 만나지 않았으면 퇴근하지 마라

역사는 밤에 이루어진다

저녁시간을 활용하라

술을 좋아하는 사람, 소위 말하는 주당들을 보았는가? 주당들은 퇴근시간만 되면 눈이 반짝반짝 빛난다. 누군가와 술친구를 만들고 싶어서이다. 낮에는 어제 먹었던 술이 아직 덜 깨어서인지 비몽사몽 헤매다가도 저녁시간만 되면 생리적으로 눈이 반짝반짝해지는 것이다. 이러한 행동에 주변 사람들은 그들을 '올빼미족, 야행성 인간' 이라고 부른다. 그에 대해 이들이 대꾸하는 말을 들어보라. "역사는 밤에 이루어진다고요."

주당과 비슷한 행동을 하는 사람이 있다. 리크루팅에 푹 빠진 세일즈 매니저이다. 이 사람은 저녁시간만 되면 눈이 반짝반짝 빛난다. 누군가와 만날 약속이 있기 때문이다. 그는 매일 저녁 누군가와 만나는 약속을 잡는다. 아니, 상대방이 원하지 않는다 하더라도 자기가 일방적으로 찾아가기도 한다. 낮에는 영업활동을 하고, 저녁에는 리크루팅 대상자를 만나러 가는 것이다. 이 사람을 주변 동료들이 '야행성 매니저'라고 부른단다. 그런데 그가 하는 말을 들어보라. "리크루팅은 밤에 이루어진다고요."

리크루팅은 밤에 이루어진다

리크루팅 대상자를 언제 만나야 하는가? 특히 현재 직장을 다니고 있는 사람을 언제 만나야 하는가? 집에서 놀고 있는 사람이라면 낮시간대에 만날 수 있지만 직장을 다니고 있는 사람은 저녁밖에 시간이 없다. 그래서 그는 저녁시간에 직장 다니는 사람을 집중적으로 만난다.

저녁시간에 만날 때 사람에 따라 만나는 장소가 다르다고 한다. 얼굴을 익힌 후 친숙단계인 사람은 되도록 자기가 그 사람의 사무실 근처로 찾아간다고 한다. 찾아가서 간단하게 저녁을 먹는다거나 차를 마시면서 상담한다는 것이다.

그러나 어느 정도 마음이 돌아선 사람은 되도록 사무실로 오라고 유도한다고 한다. 자기가 상대방 사무실로 찾아가는 것이 아니라 리크루팅 후보자를 자기 사무실로 찾아오게 한다는 것이다. 자신이 하는 일과 사무실 분위기를 보여주기 위해서라고 한다.

아무튼 이런 노력의 결과 덕분에 한명 두명 리크루팅하여 오늘의 조직을 만들었다고 한다. 그는 오늘도 이렇게 말한다. "리크루팅은 밤에 하는 거예요."

저녁시간을 어떻게 보내는가

저녁시간을 활용하라. 현직에 있는 사람과의 친숙활동은 저녁시간이 가장 좋다. 그들과 함께 식사를 해도 좋다. 그들과 함께 술을 마셔도 좋다. 그들과 함께 운동을 해도 좋다. 그들과 함께 취미활동을 해도 좋다. 어떤 형태로든 저녁시간은 리크루팅에, 특히 직장 경력자와 친숙활동을 하기에 가장 좋은 시간이다.

Key Point 직장 경력자 친숙활동 전략

직장인 공략방법	
	1. 퇴근 이후 시간을 활용하라
	2. 같이 하는 이벤트를 만들어라
	3. 자주 만나는 것이 가장 좋은 방법이다
	4. 지금 당장을 보지 말고 멀리, 길게 보라

만날 때마다 달라진다

감자나 고구마를 삶을 때와 같이 가끔 찔러본다

감자나 고구마를 삶을 때 젓가락으로 가끔씩 쑥쑥 찔러본다. 익었는지 안 익었는지 알아보기 위해서이다. 만약 젓가락으로 찔렀을 때 젓가락이 걸리지 않고 쑥 들어간다면 감자나 고구마가 다 익은 것이다. 그러면 지피던 불을 꺼야 한다. 그러나 젓가락이 들어가다 걸리면 아직 감자나 고구마가 다 익은 것이 아니다. 그러면 불을 더 지펴야 한다.

리크루팅을 할 때도 감자나 고구마를 삶을 때처럼 해야 한다. 젓가락으로 감자가 익었나 안 익었나 가끔 쑥쑥 찔러보듯이 리크루팅 대상자를 가끔 쿡쿡 찔러봐야 한다는 것이다. 한 번 만나봤는데 리크루팅 대상자가 펄쩍 뛴다면 아직 덜 익었다는 뜻이다. 이럴 때 실망하지 말아야 한다. 이제 한 번 찔러봤을 뿐이다. 다음에 다시 만나서 이야기해볼 때 리크루팅 대상자가 다시 거절한다 해도 실망하지 마라. 이제 두 번 찔러봤을 뿐이다. 이렇게 계속 만나다 보면 언젠가는 그 사람이 우리 식구가 된다. 그날을 위해서 한번 두번 자꾸 찔러봐야 한다.

야, 자꾸 그러지 마

그 예를 보자. 한 세일즈 매니저가 은행에서 근무하던 친구를 리크루팅한 사례이다. 처음에 만나서 자기와 같이 근무하자고 했더니 펄쩍 뛰더란다. "여기서 지금 잘 나가고 있는데 거기를 왜 가냐"고 하면서. 그래서 그날은 일단 물러났다고 한다. 한 달이 지난 다음에 다시 만나서 똑같은 이야기를 했더니 펄쩍 뛰는 모습이 좀 약해졌다고 한다. 지난번보다는 거절의 강도가 약간 약해졌다는 것이다. 그날도 그쯤에서 물러났다고 한다.

몇 달이 지난 다음에 다시 만나서 똑같은 이야기를 했더니 "야, 자꾸 그러지 마. 그럴 때마다 내 마음이 이상해진단 말이야"라고 말하더란다.

그런데 은행에 다시 구조조정 바람이 불고 있다는 신문기사를 보고 그 친구를 찾아갔더니, 그 친구가 하는 말이 이랬다. "요새 분위기도 어수선하고, 나도 무언가 대책을 세우긴 세워야 하는데. 야, 네가 자꾸 그래서 그러는데, 내가 만약 거기 가면 도와줄 거야?"

처음에는 그렇게 강하게 거절하던 사람이 한번 두번 만나면서 마음이 변한 것이다. 아니, 상황이 변하면서 마음도 같이 변한 것이다.

찾아가고 또 찾아가라

리크루팅은 만나는 횟수에 따라 달라진다. 한 번 만나고 두 번 만나는 횟수에 따라 그 사람이 우리 식구가 되는 속도가 달라진다.

쌀미(米)자의 의미를 아는가? 쌀미(米)자에서 十자를 빼면 八八자만 남는다. 벼는 농부의 손길이 여든여덟 번 가야 곡식을 얻을 수 있다고 한다. 봄에 논에 물 대고 씨 뿌리고 비료 주고 하는 등의 손길이 여든여덟 번 가야 가을에 비로소 곡식을 얻을 수 있다는 것이다. 그래서 벼는 농부의 발소리를 듣고 자란다고 한다.

마찬가지로 리크루팅 대상자도 한 번 찾아가고, 두 번 찾아가는 우리의 발소리를 듣고 자란다는 사실을 잊지 마라.

Key Point 쌀 농사와 리크루팅

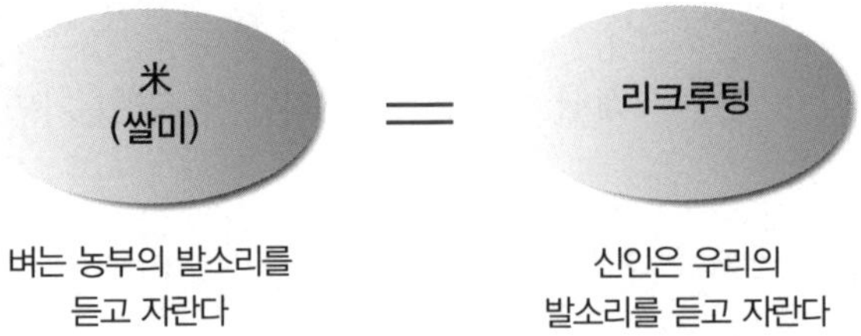

포기만 하지 마라

왜 다들 미인일까

어느 책에서 읽은 이야기이다. 우리가 흔히 '깍두기' 라고 부르는 사람들이 있다. 주먹세계에서 활동하는 사람들을 일컫는 말이다. 이 깍두기 두목들을 보면 부인이 한결같이 미인이다. 깍두기 두목들의 부인은 왜 그렇게 다 미인일까? 깍두기들은 후퇴라는 것을 모르기 때문이란다. 오로지 '돌격 앞으로!' 만 있을 뿐이지 후퇴가 없다는 것이다.

예를 들어 예쁜 아가씨가 있다고 하자. 이 아가씨에게 깍두기가 접근해서 사귀자고 하면 '어머나~' 하고 아가씨는 기겁을 하고 도망간다. 이때 깍두기가 포기해버린다면 이 아가씨는 절대로 깍두기 부인이 되지 않을 것이다. 그런데 깍두기는 포기라는 것을 모른다. 그래서 다음에 다시 접근하면 '어머나~' 하고 아가씨는 도망가고, 다음에 또 접근하면 '어머나' 하고 도망가기를 수차례…….

그러다가 그렇게 열심히 찾아오던 깍두기가 어느 날 갑자기 소식이 뚝 끊겨버리고 찾아오지도 않는다. 그러면 이 아가씨는 무슨 생각을 하게 될까? 그 사람이 궁금해진다. 마음속으로는 그 사람에 대해서 '혹시 무슨 일이 생겼나?' 하고 별의별 생각을 다 하게 된다는 것이다. 그러다 어느 날 갑자기 그 남자가 '짠' 하고 다시 나타나면 겉으로 내색은 못 하지만 속으로는 무척이나 반가워한다는 것이다. 그래서 손도 주게 되고, 그 다음 단계도 진행되고, 결국에는 결혼까지 하게 된다는 것이다.

한 번 만남으론 안 된다

한 번 시도로 무언가를 얻으려고 하지 마라. 한 번 거절당했다고 해서 포기하지도 마라. 이것이 리크루팅을 풀어가는 방법이다. 리크루팅 활동을 할 때 한두 번 만나서 설득하려 하지 마라. 그 사람을 우리 식구로 만들려고 하지도 마라. 한두 번 만남으로 그 사람이 우리 식구가 되기를 바라는 것은 당신만의 욕심일 뿐이다. 떡 줄 사람은 생각지도 않는데 미리 김칫국물부터 마시는 격이다.

입장을 바꿔 한번 생각해보라. 만약 당신에게 누군가 찾아와서 같이 일하자고 한다면 당신은 한 번 만남에 'OK!' 라고 흔쾌히 말할 수 있겠는가? 모르긴 몰라도 'No' 라는 말부터 튀어나올 것이다.

포기만 하지 않으면 된다

대부분의 사람들은 리크루팅 대상자를 한두 번 만나고 나서 포기해버린다. "그 사람은 우리 식구가 될 사람이 아니야" 하면서 말이다. 그러나 기억하라. 거절은 일시적인 현상일 뿐이다. 이 일시적인 현상에 굴복하면 아무도 우리 식구로 만들지 못한다.

연은 바람을 안고 날아야 높이 오를 수 있다고 했다. 쇠는 망치를 맞을수록 단단해진다고 했다. 땅은 비가 온 뒤에 더 굳어진다고 했다. 리크루팅은 거절당하고, 또 거절당해야 그 사람과의 인맥관계가 돈독해진다. 유비는 포기할 줄 몰라서 '삼고초려(三顧草廬)'를 했겠는가? 포기만 하지 마라. 당신이 포기하지 않으면 모두 다 우리 식구가 될 사람들이다.

Key Point 리크루팅 '삼고초려' 전략

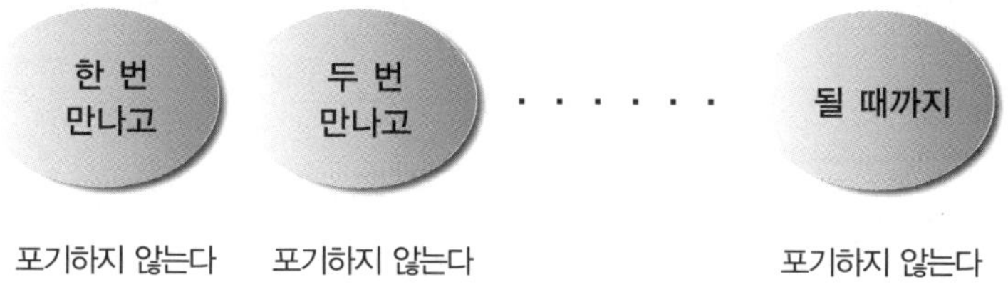

7장

리크루팅 거절 처리

두 명의 적을 없애라

일반적인 거절들

세일즈는 거절로부터 시작된다고 한다. 세일즈에서 거절은 당연히 있는 것이고, 자연스런 현상이다. 만약 세일즈에 거절이 없다면? 세일즈가 재미없을 것이다. 짜릿한 전율도 없을 것이다. 김빠진 맥주처럼 무미건조해질 것이다. 거절이 있기에 거절을 이겨내고 계약을 따냈을 때 짜릿함과 성취의 기쁨이 있는 것이다.

리크루팅도 마찬가지이다. 리크루팅에 거절이 없다면 그것은 더 이상 리크루팅이 아니다. 지금과 같은 리크루팅에 대한 긴장감도 없을 것이고, 성취의 기쁨도 없을 것이다. 리크루팅의 묘미는 거절을 이겨내는 데 있다.

리크루팅 대상자에게 찾아가서 우리와 같이 활동하자고 하면 누구나 공통적으로 말하는 거절의 이유가 있다. 그 유형을 보면 대략 다음과 같은 것들이다. 세일즈는 못 한다, 남편이 반대한다,

애들 때문에 안 된다, 말을 못 한다, 주변에 아는 사람이 없다, 자존심 상해서 싫다, 주변 사람들이 반대한다, 빚진다고 하더라, 그걸 할 거면 차라리 장사하겠다 등.

두 명의 적이 있다

그런데 이런 말을 하는 사람이 또 있다. 누구냐고? 바로 우리와 생사를 같이 하고 있는 사원들이다. 우리 사원들이 이런 말을 똑같이 하면서 리크루팅을 못 한다고 한다.

우리에게는 두 명의 적이 있다. 하나는 내부의 적이고, 다른 하나는 외부의 적이다. 내부의 적은 우리 사원들이고, 외부의 적은 리크루팅 대상자들이다. 리크루팅을 하려고 한다면 이 두 명의 적을 없애야 한다. 특히 내부의 적을 빨리 없애야 한다.

사원들 중에 '지금은 내가 어쩔 수 없어서 여기서 이렇게 활동하고 있지만 목돈만 만들면 차라리 장사하겠다' 이렇게 생각하는 사람이 있다고 하자. 이런 사람이 리크루팅에 적극적으로 임하겠는가? 사원들 중에 할까 말까 하는 '까말까 병'에 걸린 사람이 있다면 이 사람이 리크루팅에 적극적으로 임하겠는가? 이런 사람들이 갖가지 핑계를 대면서 리크루팅이 안 된다고 하는 것이다.

또한 소득이 들쭉날쭉하여 소득에 대한 불안감을 갖고 있는 사원이 있다면, 지금 하는 일에 자신감을 갖지 못하는 사원이 있다면 그가 리크루팅에 적극적으로 임하겠는가?

내부의 적부터 없애라

리크루팅은 사원들의 협조 없이는 할 수 없다. 특히 리크루팅 대상자를 찾는 단계에서는 사원들의 협조가 절대적이다. 따라서 리크루팅을 풀어가려면 먼저 내부의 적, 즉 사원들의 부정적인 마인드부터 없애야 한다.

그 해결방법은 무엇일까? 매일 사원들로 하여금 리크루팅에 대한 화법을 하나씩 합창하게 하는 것이다. 굳이 사원들을 강제로 변화시키려고 하지 마라. 대신 거절유형별 리크루팅 화법을 하루에 하나씩만 매일 합창하게 하면 내부의 적이 깨끗이 없어진다.

Key Point 리크루팅의 두 명의 적

내부의 적 (사원)	외부의 적 (리크루팅 대상자)

내부의 적부터 없애라!

설득하려고 하지 마라

리크루팅 상담의 제1원칙

리크루팅 상담에 임할 때 반드시 기억해야 할 원칙이 있다. '설득하려 하지 마라' 는 것이다. 그러나 대부분의 사람들은 리크루팅 대상자와 상담할 때 상대방을 설득하려고 덤벼든다.

'설득' 이라는 말 속에는 '변화' 라는 뜻이 들어 있다. 남을 설득하려고 한다는 것은 남을 인위적으로 변화시키려고 한다는 것이다. 그러나 기억하라. 세상에서 절대로 변화시킬 수 없는 것이 두 가지가 있다. 하나는 생로병사(生老病死)이고, 다른 하나는 남을 변화시키는 일이다.

생로병사는 사람이 태어나고, 늙고, 병들고, 죽는 것을 말한다. 이 현상은 태초부터 지금까지 변한 적이 없다. 아주 먼 옛날에도 이 사이클은 그대로 진행되었고, 지금 우리 세대에서도 그대로 진행되고 있으며, 다음 세대에서도 그대로 진행될 것이다.

두 번째, 남을 변화시키는 일은 절대로 일어나지 않는다. 간혹 자신이 남을 변화시켰다고 말하는 사람들이 있다. 그러나 엄밀히 따져보면 그건 내가 상대방을 변화시킨 것이 아니다. 상대방이 무엇인가 느낀 점이 있었기 때문에 스스로 변한 것이지, 내가 인위적으로 상대방을 변화시킨 것이 아니다. 이럴 때는 상대방이 스스로 느낄 수 있도록 내가 도움을 주었다고 말해야 옳을 것이다.

변화시키려 하지 마라

얼마 전에 지하철에서 있었던 일이다. 경로석에 앉아 있던 할아버지 한 분이 갑자기 젊은 아가씨에게 큰 소리로 호통을 쳤다. "문을 열었으면 닫고 가야지 그게 뭐야. 도대체 학교에서 뭘 배웠어." 한 아가씨가 옆 칸에서 건너오면서 문을 닫지 않고 지나가는 것을 보고 이 할아버지가 큰 소리로 야단치는 것이었다. "저것 좀 보소. 어른이 말을 하면 알아들어야지 쳐다보긴 뭘 쳐다봐. 도대체 요새 젊은애들은 돼먹질 않았어. 허허 참~" 하면서 혀를 끌끌 찼다.

그런데 이 말을 듣고 있던 나는 갑자기 짜증이 확 치밀어올랐다. 할아버지 입장에서는 당연한 말을 한 것이다. 할아버지 말씀은 하나도 틀린 것이 없다. 그런데 왜 짜증이 난 것일까?

말 한마디로 상대방을 변화시키려 했던 할아버지의 태도에 짜증이 났던 것이다. 할아버지는 말 한마디에 상대방이 변할 거라고 생각했던 것일까? 할아버지의 그 말 한마디에 아가씨의 태도가 변했을까? 천만에, 오히려 상대방에게 반감만 샀을 뿐이다.

스스로 결정하게 하라

리크루팅을 이 할아버지처럼 풀어가는 경우가 종종 있다. 리크루팅 대상자와 상담할 때 이 할아버지처럼 자신의 입장에서만 생각하고 말하는 경우를 보게 된다. 내 생각은 당연히 옳고 상대방의 생각은 틀렸다는 식으로 접근하는 경우가 그렇다.

상대방을 설득시키려고 열을 올리면서 열변을 토하는 사람이 있다. 지금 당장 상대방의 생각과 태도를 변화시키려고 저돌적으로 덤비는 것이다. 지하철에서 아가씨가 할아버지의 말 한마디에 태도가 변하게 되었던가? 오히려 반감만 샀을 뿐이다. 남을 변화시키려고 하면 오히려 역효과만 생긴다.

리크루팅에서 성공하려면 상대방을 설득하려고 덤비지 마라. 대신 스스로 느낄 수 있도록 도와주는 일에만 전념하라. 스스로 생각하고, 스스로 느끼고, 스스로 결정하게 하는 방법으로 상담 전략을 바꾸어야 한다. 스스로 느낄 수 있게 하는 사람이 정말 리크루팅을 잘 하는 사람이다.

리크루팅에는 인내심이 필요하다. 리크루팅 대상자가 스스로 생각하고, 스스로 결정하게 하기 위해서는 참고 기다릴 줄 아는 인내심이 필요하다.

한두 번 설득으로 상대방이 변하기를 바라지 말고, 시간적인 여유를 가지고 상대방이 스스로 변할 수 있도록 해야 한다. 대신 평상시 정기적으로 접촉하면서 인간관계를 돈독히 하는 것은 잊지 말아야 한다.

Key Point 효과적인 리크루팅 상담 전략

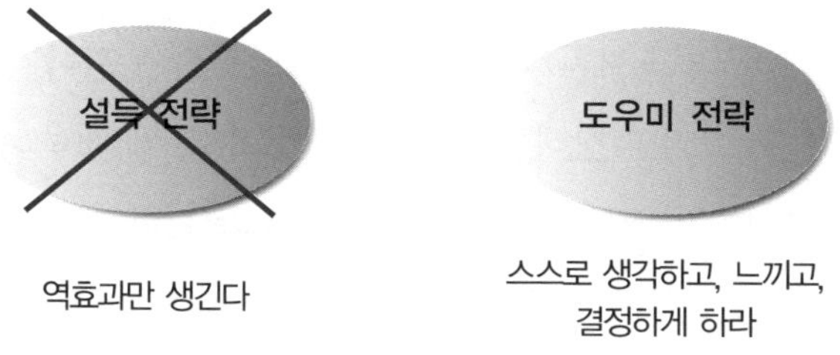

장점을 집중 부각시켜라

네 장점은 뭐야?

리크루팅을 잘 하는 한 세일즈 매니저가 있다. 그가 말하는 리크루팅 비결은 이렇다. 리크루팅 대상자와 상담할 때 절대로 부정적인 말을 해서는 안 된다고 강조한다. 대신 긍정적인 방향으로 유도해야 한다. 부정적인 말을 하면 상대방의 마음이 닫히지만 긍정적인 말을 하면 마음의 문이 열리기 때문이다. 그가 즐겨 쓰는 방법은 상대방으로 하여금 자신의 장점을 말하게 하는 것이다.

그는 리크루팅 후보자와 상담할 때 "네 장점은 뭐야?"라고 묻는다고 한다. 그러면 상대방은 "음~ 적극적인 거, 배우려고 열심히 쫓아다니는 거, 또~ 쾌활한 거" 등을 나열한다고 한다.

이럴 때 그는 상대방이 하는 말에 웃으면서 맞장구를 쳐준다고 한다. "그래, 너는 매사에 적극적이잖아. 나는 항상 너의 그런 모습이 부러웠어", "너 보니까 정말 열심히 살더라. 그렇게 열심히 배우기 위해 쫓아다니는 네 모습이 정말 보기 좋아", "넌 성격이 정말 좋잖아. 우리 친구들이 너 성격 좋은 것은 다 인정하잖아", 이렇게 상대방이 하는 말에 적극적으로 맞장구를 쳐주면 상대방은 기분이 좋아진다.

내 장점은 뭐라고 생각해?

그 다음 그는 이어서 이렇게 질문한다고 한다. "그러면 너는 내 장점은 무엇이라고 생각해?" 이 말에 상대방은 잠시 생각에 잠기더니 "글쎄~"라고 말한단다.

그러면 그는 이렇게 말한다고 한다. "내가 생각하기에도 특별한 장점은 없는 것 같아. 성격이 쾌활한 것도 아니지, 적극적이지도 않지, 또 도전적이지도 못하지."

그러면 상대방은 위로하는 듯이 " 너는 성실하잖아"라고 말한단다. "그래, 맞다. 성실한 것 빼고는 특별한 장점이 없는 것 같아"라고 받아서 말한다.

상대방의 장점을 집중적으로 내세워서 기분 좋게 한 다음, 그는 별로 내세울 것이 없는 하찮은 사람이라는 식으로 상대방과 대비시키면 상대방은 자신이 훨씬 우월하다는 인식을 갖게 된다는 것이다.

나도 하는데, 넌 더 잘 할 거야

그러고 나서 그는 다음과 같이 말한다고 한다. “네가 보다시피, 별 장점 없는 나도 이렇게 잘 하고 있잖아. 그런데 너는 얼마나 많은 장점을 가지고 있냐? 나도 하는데, 너는 더 잘 할 거야.” 이렇게 말하면 상대방은 ‘난 세일즈는 못 해, 말도 잘 못 하는데, 자신없어’ 이런 말은 꺼내지도 못한다는 것이다. 대신 ‘그래, 나도 하면 잘 할 수 있을 거야’ 이런 생각을 갖게 된다고 한다.

설득하려고 하지 마라. 설득하려고 하면 상대방을 가르치고 훈계하게 된다. 부정적인 이야기를 하지 마라. 부정적인 이야기를 하면 마음의 문이 닫혀버린다. 대신 상대방이 잘 하는 것만 집중적으로 부각시켜라. 상대방의 장점을 집중적으로 부각시키면 상대방은 ‘그까짓 거, 나라고 못 할라고’ 하는 생각을 갖게 된다. 그러면 이미 90%는 성공이다.

Key Point 효과 200% 올리는 상담방법

장점 집중 발굴 전략

1. 상대방의 장점을 집중적으로 부각시켜라
2. 적극적인 맞장구로 상대방을 기분 좋게 하라
3. 내 단점을 말하게 하라
4. 상대방과 나를 비교하면서 상대방이 훨씬 많은 장점을 갖고 있다는 것을 느끼게 하라

화법 파일을 활용하라

화법 파일을 준비하라

리크루팅을 거절할 때 어떻게 대응할 것인가? 앞에서 설명한 리크루팅에 대한 두 명의 적, 즉 내부의 적인 사원들과 외부의 적인 리크루팅 대상자들이 갖고 있는 부정적인 마인드를 어떻게 없앨 수 있을까? 한 가지 좋은 방법이 있다. 한 매니저가 이 방법을 사용하면서 리크루팅에 획기적인 전기를 마련했다.

먼저 사원 모두에게 서류를 정리할 때 사용하는 파일을 하나 준비하게 하라. 비닐 케이스가 있어 서류들을 하나씩 넣어 정리하는 클리어 파일 말이다. 거기에 매일 거절유형별로 리크루팅 화법을 하나씩 복사해서 나눠주고 보관하게 하라. 그리고 이 리크루팅 화법을 매일 하나씩 사원들이 합창하게 하는 것이다.

하루에 하나씩 합창하라

이 매니저가 사용했던 방법을 보다 구체적으로 들여다보자. 매일 아침 미팅시간에 리크루팅 화법을 하나씩 합창하게 한다. 미팅 시작하기 전에 매니저가 지정하는 리크루팅 화법을 사원 전원이 한 목소리로 합창한다. 그러고 나서 매니저는 자기가 준비한 것을 사원들에게 교육한다. 그리고 미팅을 마무리할 때 또 다른 거절화법을 한 목소리로 합창하는 것이다.

매일 이렇게 합창하면 하루에 두 개씩 거절화법을 익힐 수 있다. 재미있는 것은 매일 이렇게 합창하다 보면 사원들이 마음속에 가지고 있던 리크루팅에 대한 부정적인 마인드가 없어지고, 또 리크루팅 대상자가 거절할 때 사원들이 자기 나름대로 상황에 맞게 재치 있게 대처할 수 있게 되더라는 것이다.

이 방법은 매니저가 이럴 때는 이렇게 하라고 일러준 것도 아니다. 아니, 의도적으로 사원들의 마인드를 개조하려고 하지도 않았다. 그럼에도 사원들이 달라지고 거절에 대한 응대화법을 자체적으로 만들어가게 된 것은 매일 아침마다 합창하면서 스스로 최면이 걸렸기 때문이다. 즉 매일 합창하면서 관심도가 달라지게 된 것이다.

잊지만 않게 하라

리크루팅을 잘 풀어가는 방법 중 하나는 사원들에게 리크루팅을 잊지 않게 만드는 것이다. 리크루팅만 잊지 않게 하면 리크루팅이 자연스럽게 풀려간다. 그 방법은 매일 아침 리크루팅 거절화법을 합창하게 하는 것이다.

이 방법은 시간이 많이 필요한 일도 아니다. 하루에 하나씩 합창하는 데 1분도 채 걸리지 않는다. 이 방법은 월초 따로 있고 월말이 따로 있는 것도 아니다. 월초에서부터 월말까지 시간 불문하고 매일 합창할 수 있는 방법이다. 리크루팅을 잊지만 않게 하면 리크루팅은 쉽게 풀려간다.

Key Point 리크루팅 화법 파일 활용방법

지금 하는 일에 만족하시나요?

한 달에 한 번씩 '뽕'을 맞는다니?

언젠가 대기업에 다니는 한 친구가 뜬금없이 "나는 네가 부러워 죽겠어"라고 말하는 것이었다. "무슨 소리야? 넌 우리나라에서 가장 잘 나가는 대기업의 임원이잖아?"라고 말했더니, "모르는 소리 마. 난 한 달에 한 번씩 '뽕'을 맞고 있다고……"라며 씁쓸하게 말했다.

무슨 말인지 몰라서 "뽕이 뭐야?"라고 되물었더니, 자신은 한 달에 한 번씩 마약을 맞고 있다고 한다. 매월 25일 급여일만 되면 어김없이 마약을 맞는다는 것이다.

무슨 말인가 하면 자기는 봉급쟁이가 체질이라고 생각했단다. 사업을 하자니 망할까봐 겁이 나고, 그렇다고 다른 것을 하자니 내키지 않고 해서 가장 안정적인 것이 봉급쟁이라고 생각했다는 것이다. 그 동안 열심히 직장을 위해서 헌신하고 봉사한 덕분에 오늘의 자리까지 올라오게 되었다. 그런데 이제 나이가 어느 정도 들다 보니 이런저런 생각을 많이 하게 되더란다.

돌이켜보면 그 동안 나름대로 열심히 살아온 것 같은데 무언가 내세울 만한 것이 없다는 것이다. 특별한 경쟁력이 없다는 것이다. 매월 25일에 꼬박꼬박 급여만 받아먹는 일에 길들여지다 보니 남들과 차별화시킬 수 있는 경쟁력이 없어졌다는 것이다. 매월 25일 받는 급여는 그에게 마약과 같았다는 말이다.

현실에 안주하면 죽는다

다람쥐 쳇바퀴 도는 일에서 벗어나라. 매일 반복하는 생활습관에서 벗어나라. 어제도 똑같고 오늘도 똑같이 행동하는 생활패턴에서 벗어나라. 이렇게 행동하는 사람은 지금은 아무 문제도 없다 해도 시간이 지나면 결국 죽게 된다. 경쟁력이 떨어져 도태되고 만다는 말이다.

위에 소개했던 친구가 한 말이 바로 이런 뜻이다. 하루하루 생각 없이 살다 보니, 달콤한 곶감 빼먹듯이 매월 주어지는 봉급에 길들여지다 보니 나이가 들어감에 따라 경쟁력이 떨어져 지금은 진로를 고민해야 하는 시점에 이르렀다는 것이다.

어떤 삶을 살 것인가

흔히들 이런 말을 많이 쓰지 않는가? '인생을 굵고 짧게 살 것인가, 아니면 가늘고 길게 살 것인가?' 이 말은 적극적으로 도전해서 무엇인가 성취하는 삶을 살 것인가, 아니면 현실에 안주하면서 그럭저럭 살아갈 것인가 하는 말이다.

대부분의 사람들이 후자에 속한다. 대부분의 직장인들이 후자에 속한다. 매월 주어지는 급여에 길들여지다 보니 적극적으로 도전하기보다는 현실에 안주하는 경향으로 가는 것이다. 그러나 한번 생각해보라. 가늘고 길게 살려고 했던 사람들이 요사이 어떻게 되어가고 있는가? 구조조정의 소용돌이 속에서 오히려 가늘고 짧은 직장생활을 하고 있지 않던가?

이럴 때 한 세일즈 매니저는 이런 화법을 즐겨 쓴다고 한다. "너는 어떤 삶의 철학을 가지고 있어? 짧고 굵게 사는 주의야, 아니면 가늘고 길게 사는 주의야?" 사람들은 보통 두 가지 방법 중에 하나를 말한다고 한다. 그러면 "굵고 길게 사는 방법이 하나 있는데"라고 말한단다.

Key Point 어떤 삶을 살 것인가

굵고 짧게!	+	가늘고 길게!	=	굵고 길게!
적극적 도전		현실 안주		세일즈

'뻥' 을 맞는다고요?

"나는 한 달에 한 번씩
'뻥' 을 맞습니다. 히로뻥 말입니다."
한 직장인이 하는 말입니다.

매월 봉급날에
히로뻥을 한 대씩 맞고 있다는 말입니다.
무시무시한 말이지 않습니까?
매월 봉급만 꼬박꼬박 받다 보니
자신의 경쟁력은 없어지고 현실에 길들여져
점차 폐인이 되어가고 있다는 말입니다.

한달 한달에 안주하다 보니
1년, 2년 세월만 가고
결국 경쟁력이 없어지면 도태되고 맙니다.

자신과 싸워야 합니다.
길들여지려는 자신과
현실에 안주하려는 자신과
싸워야 합니다.
자신의 틀을 깨고 나오십시오.

자신의 틀을 깨는 데도
용기가 필요합니다.

자신감이 없다고요?

나도 깜짝 놀랐다

"너는 내 성격이 어떻다고 생각해? 외향적이야, 내성적이야?" 한 세일즈 매니저가 리크루팅 대상자를 만나서 하는 이야기이다. "예전에는 내성적이지 않았나?" 리크루팅 대상자가 이렇게 대답한다. "예전에는 내성적이었으면 지금은 어떻다는 건데?" 세일즈 매니저가 다시 묻자, "글쎄, 내성적인 것 같기도 하고, 외향적으로 바뀐 것 같기도 하고, 잘 모르겠네"라고 대답한다. "아니야, 아직도 나는 내성적이라고 생각해. 성격이 하루아침에 변하겠어?"라고 세일즈 매니저가 말하면서 자신의 활동방법에 대해 설명하는 것이다.

처음에는 자신도 걱정을 많이 했다고 한다. 자기 같은 내성적인 성격이 세일즈를 제대로 할 수 있을까 하는 걱정에 도저히 용기가 나지 않더라는 것이다. 그런데 자신에게 활동을 권유하던 선배가 “세일즈는 내성적인 사람이 더 잘 해” 하더란다. 그 말에 용기를 얻어 시작했는데 지금의 모습을 보면 자신도 깜짝 놀란다고 한다. 이렇게 잘 할 수 있을 거라곤 자신도 미처 생각하지 못했다는 것이다.

타고나는 것이 아니야

“세일즈에서 성공하는 사람은 타고난 성격이 있는 것이 아니야. 오히려 내성적인 사람이 더 잘 한다니까. 나를 봐, 그 증거잖아.” 그가 이어서 하는 말이다. 지금까지 많은 사람들을 봐왔지만 세일즈에 타고난 성격을 가진 사람은 없다는 것이다. 단지 성실한가, 성실하지 않은가가 성공과 실패를 더 많이 좌우한다.

“간혹 세일즈는 자신 있다며 무작정 덤벼드는 사람이 있어. 자신은 세일즈 체질이라고 하면서. 그러나 그런 사람들은 대부분 얼마 활동하지 못하고 탈락하고 말더라. 그런데 어떤 사람은 처음에는 굉장히 내성적인 성격이었어. ‘저런 사람이 과연 세일즈를 할 수 있을까?’ 걱정까지 했지. 그런데 그 사람이 지금은 탑(Top)을 달리고 있다니까.”

그러면서 그가 덧붙여 말하기를 사람은 겉만 보고는 모른다는 것이다. 자신있다고 설치는 사람보다는 오히려 얌전한 사람이 더 잘 하는 경우를 많이 봤다고 한다.

따라만 오면 된다

"해보지도 않고 미리부터 겁 먹지 말고 일단 따라만 와봐. 너도 나처럼 자신에게 이런 능력이 있다는 것에 놀라게 될 거야." 마지막으로 세일즈 매니저가 리크루팅 대상자에게 하는 말이다.

세일즈맨은 타고나는 것이 아니라 만들어지는 것이라고 했다. 타고난 성격에 따라 세일즈를 잘 하느냐 못 하느냐가 결정되는 것이 아니라, 교육받은 대로 얼마나 성실하게 활동하느냐에 따라 성공과 실패가 결정된다.

Key Point 세일즈에 관한 유명한 격언

따라만 오십시오

처음부터 잘 할 거라고
생각하지 마십시오.
처음부터 잘 하겠다는 것은
당신만의 욕심입니다.

무슨 일을 하든
처음에는 서툴게 마련입니다.
하나하나 익혀가면서
점차 프로가 되는 것이지요.

따라만 오십시오.
하나에서부터 열까지
차근차근 가르쳐드립니다.
가르쳐주는 대로만 따라오면
석 달 후에 당신도 홀로 설 수 있습니다.

지금은 3개월만 생각하세요.
석 달 후면 당신도
잘 할 수 있게 됩니다.

3개월만 투자하면
당신도 성공할 수 있습니다.

월급쟁이가 좋다고요?

현대판 머슴제도이다

"직장생활이요? 그거 현대판 머슴제도예요." 현재 대기업을 다니고 있는 직장인이 하는 말이다. 1960년대까지만 해도 우리나라에 '머슴'이라는 직종이 있었다. 머슴이란 남의 집에 들어가 노동을 제공하고 그 대가로 품삯을 받아 한달 한달 살아가는 종살이였다. 그런데 현대에도 이 머슴제도가 그대로 유지되고 있다. 형태만 조금 바뀌었을 뿐이다.

지금의 월급쟁이가 예전의 머슴과 무엇이 다른가? 그 공통점을 한번 살펴보자.

첫째, 예전 머슴은 주인집에 들어가 죽어라 일만 했다. 그 대가로 한 달에 얼마의 품삯을 받아 생활했다. 현대의 월급쟁이도 마찬가지이다. 직장이라는 곳에 들어가 한 달 동안 죽어라 일만 한다. 그리고 그 대가로 한 달에 한 번 월급이라는 것을 받는다.

둘째, 예전의 머슴에게는 자유가 없었다. 그저 주인이 시키는 대로 몸이 으스러지도록 일만 해야 했다. 갖은 수모를 겪으면서도 혹시나 눈밖에 나면 그 집에서 쫓겨날까봐 큰 소리 한 번 치지 못하고 그저 주인이 시키는 대로 할 수밖에 없었다. 오늘날의 월급쟁이도 마찬가지이다. 회사에서 시키는 대로 몸이 으스러지도록 일만 해야 한다. 혹시나 눈밖에 나면 언제 쫓겨날지 몰라 쫓겨나지 않으려고 온갖 노력을 다 한다.

셋째, 예전 머슴들은 젊었을 때는 실컷 부려먹다가 나이가 들고 힘이 없으면 쫓겨나야 했다. 지금의 월급쟁이도 마찬가지이다. 젊고 힘이 왕성하고 급여가 적을 때는 환영받지만 나이가 들고 급여가 많아지면 언제 쫓겨날지 몰라 불안해하는 것이 현재의 월급쟁이다.

샐러리맨은 사양하겠습니다

대기업에서 직장생활을 하다가 세일즈맨으로 활동하고 있는 사람이 있다. 직장생활을 그만두고 세일즈맨으로 활동을 시작한 지 이제 6개월 정도 되었다. 그런데 그가 하는 말이 참 재미있다. "샐러리맨이요? 이제 사양하겠습니다." 그는 왜 진작 직장에서 나오지 않았는지 지금 생각하면 후회가 된다고 한다. 내가 하고 싶은 대로 마음대로 하고, 내 능력껏 벌 수 있는 일이 있는데 왜 그때는 몇푼 안 되는 월급을 받기 위해서 그렇게 바둥거렸는지 모르겠다고 푸념하는 것이다.

세일즈맨으로 활동하다 보니 마치 새장에 갇혔던 새가 새장에서 나와 하늘을 훨훨 나는 자유를 찾은 느낌이라고 한다. 이런 자유가 있다는 것을 그는 직장에 다닐 때는 정말 몰랐다는 것이다.

당신 안에 CEO 기질이 있다

사람들은 누구나 두 가지 기질을 가지고 있다. 하나는 남의 밑에서 일하는 종살이 기질이고, 다른 하나는 남을 이끌어가는 CEO 기질이다. 이 두 가지 기질 중에서 어떤 것을 선택하느냐에 따라서 그 사람의 인생이 결정된다. 종살이 기질을 끄집어내면 월급쟁이가 되는 것이고, CEO 기질을 끄집어내면 사업가가 되는 것이다.

그러나 대부분의 사람들은 종살이 기질을 끄집어낸다. 특히 똑똑한 사람들일수록 종살이 기질을 먼저 선택한다. 그러면서 평생 월급쟁이로 살아가려고 한다. 자신에게 CEO 기질이 있음에도 불구하고 말이다.

Key Point 당신 안에는 두 가지 기질이 있다

종살이 기질	사업가 기질
월급쟁이	내 인생의 CEO

샐러리맨은 사양하겠습니다

"야, 너 요즘 잘 나간다며?"
친구들이 저를 보면
가장 먼저 하는 인사말입니다.

대기업에서 직장생활을 하다가
세일즈맨이 된 지 이제 6개월 되었습니다.
아직 신출내기인 저를 친구들은
모두 부러워합니다.

아마도 짧은 기간에
많은 급여를 받는 것을 보고 다들 놀란 모양입니다.
저도 놀랐습니다.
저에게 이런 능력이 있었다니…….

세일즈가 좋은 점은 노력한 만큼
결과가 달라진다는 것입니다.
노력한 만큼 보람도 커진다는 것입니다.

이제는 당당하게 말합니다.
"샐러리맨은 사양하겠습니다"라고.

세일즈는 비즈니스입니다.

말을 잘 하지 못한다고요?

말 잘 하려고 하지 마라

세일즈 하면 누구나 머릿속에 가장 먼저 떠올리는 것이 있다. 말을 잘 해야 한다는 생각이다. 사람들을 설득해서 상품을 팔려면 말을 잘 해야 한다는 것이다. 그러나 이것은 고정관념이다. 아니 잘못된 선입관이라고 해야 더 정확할 것이다.

누구나 '세일즈는 상품을 파는 일' 이라고 생각한다. 이 생각이 전적으로 잘못되었다고 하지는 않겠다. 세일즈의 마지막 목표는 상품을 파는 일이니까. 그러나 이 생각은 잘못된 선입관이다. 세일즈는 상품을 파는 것이 아니라, 사람을 얻는 일이라는 것을 모르기 때문이다. 세일즈는 궁극적으로 상품을 파는 것이 목적이지만, 이 상품을 팔기 위해서는 신용을 얻는 일부터 먼저 해야 한다. 세일즈에서 성공하려면 상품을 팔려고 덤비기보다는 신용 얻는 일에 활동력을 집중해야 한다. 신용을 얻지 못하면 상품을 팔 수 없기 때문이다. 그러기 위해서는 상품을 팔기보다는 사람을 얻는 일에 치중해야 한다.

상품을 팔려고 덤비는 사람은 말을 잘 하려고 노력한다. 어떻게든 상품만 팔면 된다는 생각이다. 그러나 사람을 얻으려고 하는 사람은 말을 잘 하려고 하기보다는 믿음을 주는 일에 더 치중한다. 말보다는 행동으로 보여주려고 한다.

입이 하나이고 귀가 두 개인 까닭

"너 우리 얼굴을 가만히 볼래?" 한 세일즈 매니저가 자신은 말을 못 한다며 거절하는 리크루팅 대상자에게 하는 말이다. "왜 우리 얼굴에 입이 하나이고 귀가 두 개인 줄 알아?" 우리 얼굴을 보면 입이 하나이고 귀가 두 개이다. 입은 닫히게 되어 있고, 귀는 두 개이면서 항상 열려 있다.

그 까닭은 신이 인간을 만들 때 말을 많이 하기보다는 듣기를 많이 하라고 이렇게 만들었다는 것이다. 말은 필요할 때만 하고 필요없으면 하지 말라고 입을 닫히게 만들었고, 듣기는 되도록 많이 들으라고 귀가 두 개이면서 항상 앞을 향해 열려 있게 만들었다는 것이다.

"말을 잘 하려고 하지 마. 말 잘 하는 사람이 필요하면 내가 너를 찾아왔겠냐? 차라리 웅변학원으로 가지." 세일즈는 말을 잘 해야 하는 직업이 아니다. 말을 잘 하기보다는 듣기를 잘 해야 성공하는 직업이다.

세일즈에서 성공하는 사람은?

세일즈에서 성공하는 사람들 중에 말을 잘 하려고 하는 사람은 아무도 없다. 대신 그들은 듣는 일에 프로이다. 자신이 말을 많이 하기보다는 고객이 말을 많이 하게 하고 자신은 듣는 일에 열심이다. 세일즈에서 성공하려면 말을 잘 하는 기술보다는 듣기를 잘 하는 기술부터 배워야 한다.

세일즈에서 성공한 사람들을 보면 공통적으로 갖고 있는 것이 하나 있다. 바로 성실성이다. 적극적이고 성실한 사람이 성공하는 일이 바로 세일즈이다. "너같이 성실한 사람이 진짜 우리가 찾는 사람이야. 다른 것은 몰라도 네가 성실한 것은 모든 사람들이 인정하잖아. 그것만 있으면 된다니까."

Key Point 세일즈에서 성공하는 사람은?

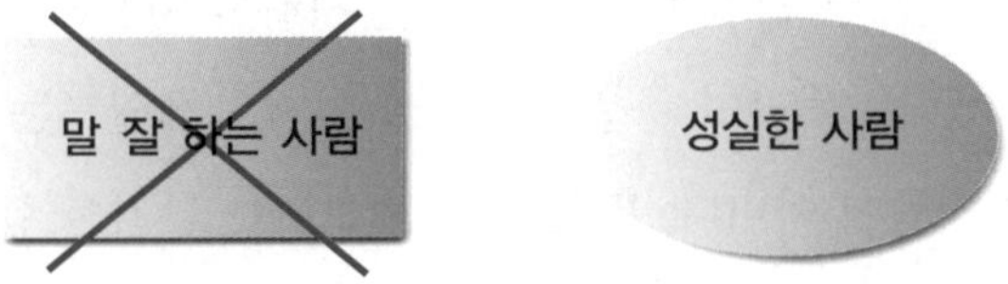

한 가지만 있으면 됩니다

말 잘 하는 사람,
필요없습니다.
연고가 많은 사람,
필요없습니다.
돈 많은 사람,
그런 사람도 필요없습니다.

우리가 원하는 사람은
한 가지만 있으면 됩니다.
바로 성실성입니다.

성실한 사람이 성공하는 사회,
우리가 만들어가는 세상입니다.

세일즈는 땀 흘리는 만큼
얻어가는 직업입니다.

남편이 반대한다고요?

30대 남자가 흔들린다

얼마 전 신문에 〈지금은 영업맨 전성시대〉라는 제목 아래 다음과 같은 내용의 기사가 실렸다. 지금은 '38선 시대' 라고 한다. 이 말은 '38세까지 직장에 남아 있으면 선방한 것' 이라는 뜻이다. 그러다 보니 요새 직장인들은 30세만 넘으면 좌불안석이다. 내일이 불안하고 미래가 불투명하기 때문일 것이다.

그 영향으로 요새 직장인들은 30세만 넘으면 자발적으로 신청하는 부서가 있다고 한다. 바로 영업부서이다. 20대 때는 총무부, 기획부, 인사부, 이런 부서들을 선호하다가 30세가 되면 다들 영업부서로 가기를 원한다는 것이다.

세상에 나가면 영업 아닌 것이 있는가? 지금과 같은 '38선 시대' 에 안일하게 가만히 앉아 있다가 구조조정의 회오리 속에 대책없이 밀려나기보다는 미리 영업부서에서 거래처를 관리하거나 영업 노하우를 익혀 독립하게 되면 홀로서기를 하겠다는 것이다.

30대 남자가 흔들리고 있다. 30대 직장인이 잠을 못 이루고 있다. 지금도 구조조정은 계속되고 있기 때문이다. 이제 구조조정의 칼날은 30대 중반을 향하고 있다.

댁의 남편은 안녕하십니까

"괜찮다는 남편의 말을 정말 믿으십니까?" 한 세일즈 매니저가 리크루팅 대상자와 상담할 때 자주 쓰는 말이다. 지금과 같은 구조조정의 회오리 속에서 남편이 걱정하지 말라고 한다고 정말 아무 일 없을 것 같냐는 말이다. 요새 남자들은 30세가 넘으면 미래가 불안해서 안절부절 못하는데 대책없이 손 놓고 있다가 일이 벌어지면 그제야 울고 불고 난리칠 것이냐는 말이다.

유비무환(有備無患)이라고 했다. 유사시를 대비해서 무엇인가 대책을 마련해야 걱정이 없다는 말이다. 지금과 같은 시대에는 남편 혼자에게만 짐을 지워서는 안 된다고 그는 강조한다. 젊었을 때 힘을 합쳐 벌어야 빨리 일어설 수 있지 않느냐고 강조한다.

사진 파일을 활용하라

"'남편이 반대해서 안 돼요' 라고 말하는 사람의 99%는 다 거짓말이에요." 한 세일즈 매니저가 힘주어 강조하는 말이다. 지금과 같이 맞벌이가 보편화된 시대에 아직도 이런 말로 거절하는 사람이 있다는 것이다.

"이럴 때 제가 요긴하게 활용하는 도구가 하나 있어요"라면서 이 매니저가 보여는 주는 것이 있다. 자기만의 일을 갖고 있는 프로 여성들의 사진을 모아놓은 파일이다. "이걸 보여주면 가장 효과적이에요." 세일즈만이 아니라 다양한 분야에서 성공을 거두고 있는 프로 여성들의 사진을 보여주면 '남편이 반대해서 안 된다'는 말은 쏙 들어간다고 한다.

지금은 대부분의 여성이 자신의 일을 가지고 있다. 특히 젊은 여성들은 남편의 일과 상관없이 자기만의 고유한 일을 가지고 있다. 남자는 밖에 나가서 일하고 여자는 집에서 살림이나 잘 해야 한다는 생각은 이제 구시대의 유물로 취급받고 있다.

Key Point 사진 파일 활용방법

사진 파일

1. 눈으로 보면서 느끼게 하라
2. 프로 여성들의 활동모습을 보여줘라
3. 다양한 분야에서 성공한 여성의 모습을 수집하라
4. 소득까지 보여주면 더 좋다
5. 멋진 인생을 사는 모습을 보여줘라

괜찮다는 남편의 말, 정말 믿으십니까

"괜찮다. 힘들지 않다.
당신은 집안 살림이나 잘 해라."
이런 남편의 말, 정말 믿고 계십니까?

지금은 '38선 시대' 라고 합니다.
38세까지 직장에 남아 있으면
선방이라는 뜻이라나요.

그래서 요새 직장인들은
35세만 넘으면 좌불안석이라고 합니다.
앞으로 내 운명도 어떻게 될지 모른다는
불안감 때문이겠지요.
그러면서도 남편들은
"괜찮다, 당신은 집안일이나 잘 해라"
하고 말한답니다.

여성은 집안 살림이나 하면 된다는 생각,
이제는 아닙니다.
지금은 대부분의 여성들이 자기 일을 갖고 있습니다.

남편의 어깨에 얹힌 무거운 짐을
덜어주세요.

아이들 때문에 어렵다고요?

아이들이 좋아하는 엄마는?

"요새 아이들이 좋아하는 엄마는 어떤 엄마인지 아세요?" 한 세일즈 매니저가 리크루팅 대상자에게 하는 질문이다. 요새 아이들이 좋아하는 엄마는 집에서 놀면서 용돈 주는 엄마가 아니라고 한다. 컴퓨터가 필요할 때 짠 하고 사주는 능력 있는 엄마를 더 좋아한단다. 요즘 아이들은 집에만 있는 엄마보다는 열심히 사회활동하는 엄마를 더 좋아한다는 것이다.

집에만 있으면서 '이렇게 해라, 저렇게 해라' 사사건건 간섭하는 엄마보다는 열심히 사회활동하면서 능력을 인정받는 프로 엄마를 아이들은 더 좋아한다고 한다. 엄마가 열심히 활동하는 모습을 보면서 아이들도 스스로 하는 생활습관과 도전의식을 갖게 된다고 한다.

엄마가 집에만 있으면서 아이들이 하는 일에 일일이 간섭하면 아이들은 수동적이고 기계적이게 된다. 반대로 아이들에게 최대한의 자율권을 주면 스스로 판단하고 스스로 결정하는 독립심이 강한 아이로 성장하게 된다고 한다.

두 모습의 자녀를 키운다

"우리 엄마들은 두 모습의 자녀를 키우고 있어요." 세일즈 매니저가 이어 하는 말이다. 하나는 게으른 자녀, 배고픈 자녀를 키우는 엄마가 있고, 다른 하나는 부지런한 자녀, 성공하는 자녀를 키우는 엄마가 있다는 것이다.

어떤 엄마가 게으른 자녀, 배고픈 자녀를 키우는 것일까? 엄마가 집에서 놀면서 게으르게 사는 모습을 보여주면 아이들도 따라서 게으르고 나태해진다고 한다. 그래서 이런 아이들이 성장하면 매사에 수동적이고 부정적이어서 배고픈 생활을 하게 된다고 한다.

그러면 어떤 엄마가 부지런한 자녀, 성공하는 자녀를 키우게 될까? 엄마가 적극적으로 사회활동을 하면서 열심히 사는 모습을 보여주면 아이들도 엄마가 열심히 사는 모습을 보면서 긍정적이고 적극적이게 된다는 것이다. 이런 아이들은 매사에 긍정적이고 적극적으로 도전하는 자세를 갖게 된다고 한다. 이런 아이들이 성장하면 어떤 어려움도 이겨내는 강인한 사람이 되고 성공하는 사람이 된다는 것이다.

자녀들의 내일은 엄마가 어떻게 사느냐에 달려 있다. 엄마가 게으르면 아이들도 게을러지고, 엄마가 적극적이고 열심이면 아이들도 부지런해진다는 것이다.

아이들을 위해서 성공해야 한다

"우리는 아이들을 위해서라도 열심히 사는 모습을 보여줘야 해요." 그러면서 이 세일즈 매니저가 하는 말이 자기는 절대로 실패해서는 안 된다고 한다. 만약 자기가 여기서 실패하고 집으로 들어가면 자녀들에게 가장 먼저 전해주는 것이 바로 좌절과 낙담이라는 것이다. 그래서 자기는 죽어도 여기서 죽어야 하고, 살아도 여기서 살아야 한다면서 자녀들을 위해 몸이 부서져라 일한다고 한다.

마지막으로 그가 하는 말이 이랬다. "자녀들을 정말 사랑한다면 엄마가 열심히 사는 모습을 보여주세요. 엄마가 열심히 사는 모습이 자녀들에게 가장 큰 가르침입니다."

Key Point 두 모습의 자녀를 키운다

게으른 자녀
배고픈 자녀

부지런한 자녀
성공하는 자녀

특별 부록

리크루팅 성공화법 베스트 50

장사하지 마세요

먹는 장사, 입는 장사,
물건 파는 장사
모두가 불황입니다.

자본금 투자하는 장사
하지 마세요.
먹는 장사도 자본금이 필요합니다.
지금과 같은 시대에
자본금 들여 장사하는 사람은
자칫 쪽박 차기 십상입니다.

자본금이 필요없는 일은 하십시오.
지금은 몸으로 할 수 있는 일을 해야 합니다.

건강한 마음, 건강한 육체만
있으면 되는 일을 하십시오.
몸으로 열심히 땀 흘리고,
마음으로 따뜻한 세상을 만들어가는
그런 일을 하십시오.

우리의 일은 자본금이 필요없습니다.
건강한 마음만 있으면 됩니다.

상품을 팔지 않습니다

"고객이랑 네 일 내 일 따로 없어요.
흔히 허물없다고 하잖아요,
전 그렇게 활동해요.
가족문제, 인생문제 함께 나누는
편안한 사람이 되려고 노력했더니
영업이 잘 되더라구요."

말을 잘 하려고 하지 않습니다.
상품을 팔려고 하지도 않습니다.
궂은 일, 어려운 일에
팔 걷고 나설 뿐입니다.
만나는 사람들에게 힘이 될 수 있다면
그게 보람이지요.

세일즈맨은
상품을 팔지 않습니다.
인간관계를 파는 사람입니다.

큰 산을 오르십시오

작은 산이든, 큰 산이든
처음에는 똑같이 숨이 찹니다.
정도의 차이가 있겠지만
처음 시작은 똑같이 힘들다는 것입니다.

하지만 정상에 올랐을 때의 기쁨은 다릅니다.
작은 산 꼭대기에서
'야호' 소리를 외치는 사람 보셨습니까?
소일삼아 오르는 것이기 때문입니다.
큰 산 정상에 오르면 모두들 '야호' 하고 고함을 지릅니다.
정복에 대한 성취감이 다르기 때문이죠.

우리의 일도 마찬가지입니다.
큰 회사이든, 작은 회사이든 처음 시작은 다 같이 힘듭니다.
그러나 프로로 성장했을 때
얻게 되는 결과는 다릅니다.

어느 산을 오르시겠습니까?
소일거리용 작은 산입니까,
아니면 성취감이 다른 큰 산입니까?

기왕이면
큰 산을 오르십시오!

큰 물에서 놀아야 합니다

제가 들은 이야기인데요.
물고기 두 마리를 하나는 어항에 넣어 기르고
다른 하나는 연못에 넣어 길렀대요.
그랬더니 어항에 넣은 물고기는
조그만 금붕어밖에 되지 못했고요,
연못에 넣은 물고기는
1m가 넘는 잉어로까지 성장했대요.
어떤 물 속에 있느냐에 따라
성장이 달라진다는 말입니다.

무엇이 되시겠습니까?
어항 속에 있는 금붕어입니까,
아니면 연못 속의 잉어입니까?
똑같은 능력이 있더라도
어디서 시작하느냐가 중요합니다.

큰 물고기는
큰 물에서 놀아야 하고,
크게 성공하고자 하는 사람은
큰 곳에 시작해야 합니다.

기왕 시작할 거면
큰 곳에서 시작하십시오.

순간의 선택이 운명을 좌우합니다

"순간의 선택이 10년을 좌우한다."
오래 전에 유행했던
한 가전제품의 CF 카피입니다.

순간의 선택이 운명을 좌우합니다.
어디에서 시작하느냐는 선택에 따라
당신의 행복이 왔다갔다 합니다.

사람은 회사를 잘 만나야 하고,
회사는 사람을 잘 만나야 합니다.

선택을 잘 하십시오.
배우자를 잘못 만났다고 해서
중간에 바꿀 수 없듯이
한번 선택한 회사는
중간에 바꿀 수 없습니다.

성공을 원하신다면
우리와 함께 하십시오.
당신의 성공을 도와드리겠습니다.

백 마디 말보다 한 번 와서 보십시오

'백문(百聞)이 불여일견(不如一見)' 이라 합니다.
백 번 묻는 것보다
한 번 직접 보는 것이
더 낫다는 말입니다.

'Come and See' 라고 합니다.
'와서 보라' 는 뜻이지요.
백 번 듣는 것보다
직접 와서 눈으로 보는 것이
더 확실하다는 말입니다.

확인해보십시오.
묻지만 말고, 듣지만 말고,
와서 직접 확인해보십시오.
그러면 쉽게 결정하실 수 있을 겁니다.

백 마디 듣는 것보다
한 번 보는 것이
더 낫습니다.

Come and See(와서 보라)
그러면 확실해집니다.

걱정은 두고 오십시오

'걱정도 팔자' 라고 합니다.
쓸데없이 걱정을 하는 사람에게 하는 말입니다.

"내가 잘 할 수 있을까?"
"세일즈는 힘들다고 하던데"
"실패하면 어떻게 하지?"

누구나 처음에는 이런 걱정을 합니다.
걱정하는 것은 당연합니다만
이것이 바로 쓸데없는 걱정입니다.

처음에는 못 한다고 하던 사람들이
지금은 잘만 하고 있습니다.

걱정부터 하지 마십시오.
당신은 분명히 잘 할 수 있습니다.
실패하는 사람들은 무슨 일을 하든
걱정부터 합니다.
그러나 성공하는 사람들은
항상 성공하는 것부터 생각합니다.

쓸데없는 걱정은 두고 오십시오.

듣기만 잘 하십시오

세일즈 하면 누구나
말을 잘 해야 한다고 생각합니다.
상품을 팔려면
말을 잘 해야 한다는 것이지요.
이는 잘못된 생각입니다.

말 잘 하려고 하지 마십시오.
대신 듣기를 잘 해야 합니다.
내가 말을 많이 하기보다는
고객이 하는 말을 잘 들어주는 사람이
세일즈를 잘 합니다.

성공하는 사람들은
말을 잘 하는 사람이 아니라
듣기를 잘 하는 사람들입니다.

말을 못 하는 것이 세일즈 활동에서는
오히려 장점이 됩니다.
듣는 것만 잘 하시면 됩니다.

말을 잘 하려고 하지 말고
듣기를 잘 하려고 하십시오.

3개월이 10년을 만듭니다

'세 살 버릇 여든 간다' 고 합니다.
처음 배운 습관이 평생 간다는 말일 겁니다.
처음 3개월이 10년을 좌우합니다.
처음 3개월을 어떻게 훈련받느냐에 따라
10년 동안의 활동에 영향을 준다는 말입니다.

그래서 처음을 어디에서 시작하느냐가
중요한 것입니다.
주먹구구식으로
가르쳐주는 곳에서 활동하느냐,
하나하나 체계적으로
가르쳐주는 곳에서 활동하느냐에 따라
당신은 프로가 될 수도 있고,
아마추어가 될 수도 있습니다.

신중하게 선택하십시오.
어디를 선택하느냐에 따라
당신의 운명이 바뀝니다.

우리는 하나에서부터 열까지
체계적으로 지도합니다.

처음에는 힘들 거라 생각했습니다

지금 생각해보면
아무것도 아니었는데
처음에는 왜 그렇게 부담스러웠는지
모릅니다.

누구나 세일즈 하면 힘든 것부터
먼저 생각하잖아요.
물론 힘들 때도 있기는 있었죠.
그러나 그런 과정은
무슨 일을 하든지
다 마찬가지 아닌가요?

상황이 조금 다를 뿐이지
어느 일에나 비슷한 경우는
다 있을 거라고 생각해요.
문제는 본인의 의지에 달려 있죠.
이겨내느냐, 주저 앉느냐…….

세일즈, 걱정하는 것만큼
그렇게 어려운 일이 아니더라구요.

왜 걱정만 합니까

자신이 없고,
용기가 나지 않는다구요?
그러나 걱정하지 마십시오.
지금 가지고 있는
그 걱정만 버리면 됩니다.

성공한 선배들을 보십시오.
그들도 처음에는 그렇게 걱정했습니다.
하지만 지금의 그들을 보면
어디 그런 모습이 보입니까?

일단 시작하십시오.
걱정만 하고 있으면
얻는 것은 아무것도 없습니다.

좌우지간 시작부터 하십시오.
그러면 밝은 세상이 펼쳐집니다.
또 다른 세상을 보게 됩니다.

오늘의 시작은
내일의 행복입니다.

꼭 성공할 거예요!

기우(杞憂)라는 말이 있죠?
옛날에 기(杞)나라 사람이
하늘이 무너지면 어떻게 하지,
땅이 꺼지면 어떻게 하지 하는 걱정에
밥도 먹지 못하고 물도 마시지 못하는
중병에 걸렸답니다.
걱정하지 않아도 될 일을 두고
쓸데없는 걱정을 한 것이지요.
그래서 기우(杞憂)라는 말이 생겨났답니다.

쓸데없는 걱정을 하는 경우,
괜한 걱정을 하는 경우에 쓰는 말입니다.

왜 쓸데없는 걱정을 하십니까?
물론 처음이라 그런 걱정을 하는
마음은 십분 이해합니다만
걱정하지 마십시오.

시작하지도 않은 상태에서
걱정부터 하는 것은 기우(杞憂)입니다.

당신은 꼭 성공할 거예요!

고개 숙이지 마십시오

다른 사람은 몰라도
당신만은 고개 숙이지 마십시오.

사오정, 오륙도, 삼팔선 등의
시대적 아픔으로 인하여
많은 사람들의 어깨가 처져 있습니다.
그래도 당신의 어깨는 처져서는 안 됩니다.
당신만 바라보는
사랑하는 가족들이 있기 때문입니다.

밝은 모습의 당신이 좋았습니다.
패기 왕성한 당신이 좋았습니다.
어떠한 경우라도 그 모습만은 잃지 마십시오.
항상 웃는 얼굴, 활달한 모습을
보여주십시오.

우리는 당신을 응원합니다.
당신은 할 수 있습니다.
당신은 해낼 수 있습니다.
아자, 아자, 파이팅!

우리는 당신의 성공을 응원합니다.

당신의 생활은 어떻습니까

행복과 불행에는
큰 차이가 있는 것이 아니랍니다.
조그마한 차이뿐이죠.

여기 幸자와 辛자가 있습니다.
하나는 행복할 때 쓰는 다행행(幸)자이고,
다른 하나는 괴로울 때 쓰는
매울신(辛)자입니다.

이 글자의 차이점은 무엇일까요?
바로 막대기 하나 차이입니다.
하나가 있고 없음에 따라
행복과 불행이 갈라집니다.

마치 경제적인 여유가 있고 없음에 따라
우리 가정의 행복과 불행이
갈라짐과 같습니다.
일할 곳이 있느냐, 없느냐에 따라
사람의 행복도 달라진답니다.

당신의 생활은 지금
幸입니까, 辛입니까?

당신은 하루살이?

하루살이에게는 내일이 없습니다.
오늘만 있을 뿐입니다.
하루살이는
내일을 생각하지 못합니다.
오늘 하루 살기도 바쁘기 때문입니다.

하루살이에게는
희망이 없습니다.
꿈도 없습니다.
삶의 의미도 없습니다.
그저 되는 대로 사는 것이지요.

당신도 혹시 하루살이?
그렇다면 'No!' 입니다.
우리가 찾는 사람은
내일을 생각하며
오늘 땀 흘리는 사람입니다.

하루살이는 No!
내일을 보는 사람은 OK!

얼굴에 책임을 져야 합니다

"나이 40이 되면 자신의 얼굴에 책임을 져라."
링컨이 한 말입니다.
어떻게 사느냐 하는 것이
자신의 얼굴에 그대로 나타난다는 말입니다.

인생이 꼬이는 사람의 얼굴을 보십시오.
그들의 얼굴은 항상 어둡습니다.
얼굴에 그늘이 져 있기 때문입니다.

일이 잘 되는 사람의 얼굴을 보십시오.
그들의 얼굴은 항상 밝습니다.
얼굴에서 반짝반짝 빛이 납니다.

이제 당신의 얼굴을 책임져야 할 시점이 되었습니다.
어떤 이미지를 만들겠습니까?
그늘진 어두운 이미지?
아니면 환하고 밝은 이미지?

환하게 웃는 여유 있는 얼굴을 만들 수 있는
길이 바로 여기에 있습니다.

40대에는 환하게 웃으세요!

시작이 반입니다

마라톤에서
가장 힘든 때가 언제인지 아십니까?
35km 지점입니까?
아닙니다.
바로 출발하기 직전입니다.
출발에 대한 중압감 때문이죠.
그 중압감이 몸과 마음을 누르기 때문에
가장 힘들게 느껴집니다.

무얼 망설이십니까?
새로운 출발에 대한 두려움 때문입니까?
일단 출발부터 하십시오.
걱정은 나중에 해도 충분합니다.
시작하고 나면 지금의 망설임은
괜한 걱정이었다는 것을 알게 될 겁니다.

'시작이 반'이라고 했습니다.
지금 시작하면
반은 성공하신 것입니다.

인생 여전하시죠?

"인생역전 꿈꾸다
인생 여전하시죠?"
한 광고의 카피입니다.
한방에 인생역전 하겠다고
로또 복권에만 매달리는
사람을 두고 하는 말입니다.

인생역전?
가만히 앉아서
허황된 꿈만 꾸는 사람에게는
로또 복권이 최선의 방법입니다.

그러나 우리는
허황된 꿈을 쫓지 않습니다.
하루하루 땀 흘리면서
인생 풍요의 꿈을 가꾸어갑니다.

**우리가 찾는 사람은
이마에 땀 흘리며 열심히 살아가는
성실한 사람입니다.**

세상에 공짜는 없습니다

"뭐, 기막힌 돈벌이 없을까?"
이렇게 말하는 사람들이 많습니다.
가만히 앉아 있으면서
편하게 돈벌 수 있는 방법이
없느냐는 말입니다.

이런 사람들에게 권할 수 있는
가장 좋은 방법이 하나 있습니다.
바로 복권입니다.
그러나 저는 복권을 사라고
권하고 싶지는 않습니다.
복권만 믿고 있는 사람들 중에는
부자가 없기 때문입니다.

열심히 일하는 사람이 성공합니다.
열심히 땀 흘리는 사람만이
행복을 누릴 수 있습니다.

명심하십시오.
세상에 공짜란 없습니다.

무서운 사람이 되어야 합니다

과거를 생각하는 사람은
가장 어리석은 사람입니다.
현재를 생각하는 사람은
가장 영리한 사람입니다.
미래를 생각하는 사람은
가장 무서운 사람입니다.

아직도 과거 속에서 살고 있습니까?
아니면 현재에 급급하게 살고 있습니까?

무서운 사람이 되십시오.
오늘보다 내일을 생각하는
무서운 사람이 되십시오.

우리는 내일을 향해 뛰고 있는
무서운 사람들입니다.

내일을 생각하는 당신은
가장 무서운 사람입니다.

당신 안에 있습니다

당신을 가만히 들여다보십시오.
그리고 당신과 이야기를 해보세요.
"무엇을 선택할 것인가?"
성공도 당신 안에 있고, 실패도 당신 안에 있습니다.

도전을 선택하는 것은
당신 안에 있는 성공인자를 끄집어내는 것입니다.
현실안주를 선택하는 것은
실패인자를 끄집어내는 것입니다.

꿈이 있는 사람은
안일함을 선택하지 않습니다.
가족을 사랑하는 사람은
나태한 자신을 허락하지 않습니다.

자신을 위해서,
사랑하는 가족을 위해서
당신 안에 있는
성공인자를 끄집어내십시오.

꿈이 있는 사람은
도전을 선택합니다.

운이 좋았다고요?

이렇게 높은 소득을 받게 된 것이
운(運)이 좋았기 때문이라고요?
천만의 말씀.
운이 아니라 당신의 능력입니다.

처음부터 당신은
성공할 줄 알았습니다.

많은 사람들이
자신의 능력을 의심합니다.
분명 잘 할 수 있는데
대부분의 사람들은
자신이 없다, 말을 못 한다는 등의
부정적인 이야기만 합니다.

한 가지 분명한 사실은
세일즈는 특별한 사람에게만 주어진
특별한 능력이 아닙니다.
누구에게나 주어진 보편적인 능력입니다.

당신 안에도 그 능력이 있습니다.
지금 그 능력을 끄집어내십시오.

싸워야 합니다

싸우십시오.
그리고 반드시 이기십시오.
길들여지려는 자신과
타협하려는 자신과
포기하려는 자신과 싸워야 합니다.

성공적인 삶을 위해서 가장 중요한 것은
자신과의 싸움입니다.
성공하는 사람들은 자신과의 싸움에서
이긴 사람들입니다.

현실에 안주하려는 자신과
싸우십시오.
변화를 두려워하는 자신과
싸우십시오.

당신은 지금 인생에서 가장 중요한
시점에 서 있습니다.

자신과 싸워 이기는 사람을
환영합니다.

우리 엄마 최고예요!

자녀들이 좋아하는 최고 엄마는
어떤 사람인 줄 아세요?

집에서 놀면서
과자 사주는 엄마?
천만에요.
열심히 직장생활 하면서
컴퓨터 사주는 엄마래요!

자녀들은 능력 없는 엄마보다는
능력 있는 엄마를 더 자랑스럽게 생각한답니다.
빈둥빈둥 노는 엄마보다는
열심히 살아가는 엄마를
더 존경한다고 합니다.

자녀들에게 어떤 모습을
보여주실 건가요?

능력 있는 엄마의 모습을
보여주십시오.

어떤 자녀를 키우겠습니까

당신은 지금
두 모습의 자녀를 키우고 있습니다.

하나는 게으른 자녀, 배고픈 자녀이고,
다른 하나는 부지런한 자녀, 성공하는 자녀입니다.

자녀의 미래는
엄마에 따라 달라집니다.
엄마가 게으르면
자녀는 게으른 오늘, 배고픈 내일을
선물로 받게 됩니다.
그러나 엄마가 열심히 활동하면
자녀는 부지런한 오늘, 성공하는 내일을
선물로 받게 됩니다.

어떤 자녀를 키우시겠습니까?
게으른 자녀, 배고픈 자녀입니까,
아니면
부지런한 자녀, 성공하는 자녀입니까?

엄마의 모습에 따라
자녀의 내일이 결정됩니다.

무엇을 그렇게 생각합니까

정신없이
남편 출근시키고
아이들 학교 보내고 나니,
집 안 청소에 설거지,
그리고 당신 혼자만 남았습니다.
지금 무슨 생각을 하고 계십니까?

남편은 남편대로 자기 일이 있고,
아이들은 아이들대로 제 삶을 사는데
왜 나는 매일 이렇게
다람쥐 쳇바퀴 돌 듯이 살아야 할까?
이런 생각 들지 않으십니까?

10년 전 당신의 모습을 떠올려보세요.
그렇게 당당하고,
자신 있게 활동하던 모습은
어디로 갔습니까?

새롭게 출발하십시오.
제2의 청춘을 시작하는 겁니다.

젊었을 때 내 모습,
지금 다시 찾으십시오.

3가지 유형의 해법

남편의 소득이 충분하지 못할 때
어떻게 하시겠습니까?
3가지 유형의 사람이 있습니다.

첫 번째 사람은
안 입고, 안 먹고, 안 나가는 사람입니다.
무조건 허리띠를 졸라매는 사람이죠.
그런다고 문제가 해결되나요?

두 번째 사람은
남편을 더 혹사시키는 사람입니다.
남편으로 하여금 낮에는 직장생활을 하게 하고,
밤에는 아르바이트를 하게 합니다.
투잡스(two jobs)라고 하죠.
결국 남편만 등골 빠집니다.

세 번째 사람은
자기가 팔 걷어붙이고 나서는 사람입니다.
결국 남편도 살고, 가정도 살고
자신의 인생도 살아납니다.

당신은 어느 방법을 선택하겠습니까?

남편 허리가 휩니다

"쥐꼬리만한 당신 월급 가지고는
못 살아, 못 살아~~"
혹시 이런 말로
남편과 말다툼한 적은 없으신지요?

그렇지 않아도
기진맥진하던 남편은
당신의 이 한마디에
힘이 빠집니다.
삶의 의욕을 잃게 됩니다.

이제 이렇게 말해보세요.
"오늘부터는 내가 도울게요."

당신이 함께 하면
남편의 어깨가 가벼워집니다.

내가 가장 행복할 때

그 동안은 나밖에 몰랐습니다.
주변을 돌아볼 여유가 없었습니다.

그 동안은 내일을 몰랐습니다.
내일을 생각할 겨를이 없었습니다.

그러던 제가 변했습니다.
나밖에 모르던 제가,
오늘밖에 모르던 제가
지금은 주변 사람을 먼저 생각하고,
내일의 행복을 먼저 생각합니다.

"자네 덕분에 도움 많이 받았어."
얼마 전 한 고객님이
이렇게 말씀하시더라구요.
이 말을 들었을 때 전
짜릿한 전율을 느꼈습니다.
가장 행복한 순간이었습니다.

생활의 여유와 함께
삶의 모습이 달라집니다.

꿈 깨!

해외여행도 하고 싶고,
넓은 집에서 살고도 싶고,
문화생활도 즐기고 싶고…….

날마다 이런 공상만 하고 있다구요?
꿈 깨십시오.
생각만 하고 있는 사람에게는
평생 그런 기회가 오지 않습니다.

우리의 일은
꿈이 아닙니다.
생활의 여유,
소득의 여유,
삶의 수준이 업그레이드됩니다.

이젠 공상의 꿈에서 깨어나십시오.

꿈을 깨는 당신은
멋쟁이입니다.

소득 오르는 재미에 삽니다

어제보다 오늘이,
오늘보다 내일이 달라야 합니다.
조금씩 조금씩
발전해야 한다는 말이지요.

가장 신나는 일은
소득이 한달 한달
달라진다는 것입니다.

세일즈의 매력은
소득에 있는 것 같아요.
내가 노력한 만큼
얻는 것이 다르니까요.

벌써 이번달
급여봉투가 궁금해집니다.
이번에는 얼마나 올랐을까요?

소득이 올라가는 것보다
더 신나는 일이 있을까요?

두 마리 토끼, 다 잡았습니다

입사 첫해인 올해,
신인상을 받았습니다.
제가 이런 상을 받을 것이라곤
생각하지 못했습니다.
그저 앞만 보고
열심히 뛰었을 뿐인데…….

저에게 있어 가장 큰 변화는
소득이 눈에 띄게 달라졌다는 것입니다.
더불어 일하는 보람도 달라졌습니다.
소득도 얻고 보람도 얻은 것이죠.
한꺼번에 두 마리 토끼를
다 잡은 셈입니다.

이제는 자신 있게 권합니다.
세일즈는 소득과 보람,
두 가지를 다 얻을 수 있는
직업이라고 말입니다.

소득과 보람이 다르니
일하는 재미도 다릅니다.

소득이 그 사람을 말합니다

사람을 평가할 때
여러 가지 요소들이
포함됩니다.
그러나 그 중에서
가장 기본이 되는 것은 소득입니다.
소득이 많고 적음에 따라
그 사람의 능력이
달리 평가되곤 합니다.

재주가 많아도 소득이 적으면
제대로 대접받지 못합니다.
재주는 부족해도 소득이 많으면
다른 눈으로 보게 됩니다.

열심히 일한 만큼
소득이 달라지는 것이
바로 세일즈입니다.

당신의 능력을 보여주십시오.
사람은 소득이 말해줍니다.

왜 하필 세일즈냐고요?

"야, 많고 많은 직업 중에 왜 세일즈냐?"
한 친구가 걱정스럽다는 듯이
이렇게 말했습니다.
다른 편한 일들도 많은데
왜 어려운 세일즈를 택했느냐는 말이었습니다.

그래서 전 이렇게 말했습니다.
"쉽고 어려운 것은 그 사람의 마음에 달려 있지 않을까?"

게으른 사람은 편한 것만 찾습니다.
실패하는 사람은 쉬운 일만 찾습니다.
그래서 그들은 큰돈을 벌지 못합니다.
편한 일에, 쉬운 일에
돈이 모이겠습니까?

성공하는 사람은
쉬운 일을 찾지 않습니다.

억대 연봉을 받는 사람들은
대부분 세일즈를 하고 있습니다.

억, 억, 소리만 듣다가……

요즘 주변에서 들리는 소리는
'헉, 헉' 대는 소리뿐입니다.
어려운 형편 때문에 헉, 헉대며
힘들게 살아가는 것 같습니다.

그러나 저는 요새 '억, 억' 하며 살고 있습니다.
그 동안 선배들로부터
'억, 억' 하는 말만 듣다가
이제 저도 '억, 억' 하게 되었답니다.

무슨 소리냐구요?
이번달 제 급여가 1천만 원이 넘었거든요.
이제 저도 당당히 억대 연봉자가 되었답니다.

당신은 이런 제 기분을 모를 겁니다.
음식은 먹어봐야 맛을 알 수 있다고 했습니다.
이 기분은 경험한 사람만이
알 수 있을 겁니다.

억대 연봉을 받을 수 있는 직업,
세일즈가 최고입니다.

나누기를 해보세요

우리는 대부분
더하기(+)만 하려고 합니다.
나누어주기보다는
자기만 받으려고 하는 것이죠.
그러기에 세상살이가 빡빡해집니다.

그러나 지금부터는
나누기(÷)를 해보세요.

내가 가지고 있는 것을
나누어주는 것입니다.
생각도 나누고, 사랑도 나누고,
마음도 나누는 것입니다.
그러면 세상이 달라집니다.

우리가 하는 일은 나누는 일입니다.
나누면 나눌수록 커지게 됩니다.
보람도 커지고, 소득도 커지고
능력도 커집니다.

당신의 마음을 나누면
주변 사람들이 행복해집니다.

곰곰이 생각할수록 다행스럽습니다

요즘에 부쩍
생각이 많아집니다.

만약 내가 다른 일을 했더라면
어떻게 되었을까?
소득은?
일에 대한 보람은?
시간 활용은?

가만 생각해보면
지금 같은 높은 소득은
얻지 못했을 겁니다.
시간에 대한 자유로움도
지금과 같지 않았을 겁니다.
일에 대한 보람도
크지 않았을 겁니다.

곰곰이 생각하면 할수록
세일즈를 선택한 것은
정말 잘 한 일이라 생각합니다.

여기보다 더 좋은 곳이 어디 있나요

솔직히 말해서
여자 나이 30세 이상이면
환영해주는 곳이
어디 있습니까?

음식점에서 서빙을 하시겠습니까?
아니면 장사를 하시겠습니까?

시간이 여유로우면
소득이 시원찮고,
소득이 괜찮다 싶으면
쉬는 날이 없습니다.

지금의 나이에
여기보다 더 좋은 조건이
어디 있나요?
시간 여유롭죠, 소득 좋죠,
자기 발전도 남다르죠…….

당신이 새출발을 할 곳은
바로 여기입니다.

우물 밖으로 나오십시오

우리 속담에
'우물 안의 개구리는 바다를 모르고,
여름 벌레는 얼음을 모른다' 고 합니다.
우물 밖에
더 넓은 세상이 있고,
여름이 지나면
또 다른 세상이 열린다는 것을
알지 못한다는 말입니다.

자신을 가둬두고 있는
테두리에서 벗어나십시오.
그래야 더 넓은 세상을 보게 됩니다.

지금의 생활에서 뛰쳐나오십시오.
그래야 또 다른 세상이 있음을
보게 됩니다.

당신이 모르는
또 다른 세상이 있습니다.

바로 지금입니다

세상에 우연이란 없다고 합니다.
모두가 필연이라고 합니다.
모두가 본인의 노력 여부에 따라
나타나는 결과라는 것이지요.

실패도 마찬가지입니다.
실패의 원인도 다른 데 있는 것이 아니라
본인이 하기에 달려 있습니다.

하지만 성공의 기회라는 것은
어느 날 갑자기 찾아온다고 합니다.
성공이 우연히 찾아오는 것은 아니지만
갑자기 불쑥 나타난다는 것입니다.

당신의 성공의 기회가
지금 나타난 것인지도 모릅니다.
바로 잡으십시오.

지금 이 순간이
당신의 성공의 기회인지도 모릅니다.

생각의 물구나무를 서십시오

평탄한 길은
가는 사람들이 많습니다.
쉽게 갈 수 있기 때문입니다.
그 길에서 얻는 것은 평범함뿐입니다.

험난한 길은
가는 사람이 적습니다.
힘이 들고 땀이 나기 때문입니다.
그러나 그 길에서 얻는 성취감은
말로 표현할 수 없습니다.

편한 길을 갈 것인가,
힘든 길을 갈 것인가?
그 선택에 따라
평범한 인생이냐,
성공한 인생이냐가 결정됩니다.

생각의 물구나무를 서십시오.

평범한 인생이냐, 성공한 인생이냐
당신의 선택에 달렸습니다.

당신을 스카우트하겠습니다

당신에게는
뜨거운 열정이 있습니다.

반짝거리는 두 눈에서는
강한 도전정신이 보이고,
땀방울이 맺혀 있는 이마에서는
당신의 성실함을 보게 됩니다.

힘차게 박동치는
당신의 심장에서는
강한 추진력이 느껴집니다.

꿈이 살아 있고,
도전정신이 살아 있고,
추진력이 강한 당신,
당신 같은 분이 필요합니다.

당신을 스카우트하겠습니다.
이제 우리에게
당신의 능력을 보여주십시오.

역시, 당신입니다

많이 망설였습니다.
이 말을 꼭 해야 할 것인가?
많이 생각했습니다.
과연 잘 할 수 있을 것인가?

그러나 결론은 이렇습니다.
아무리 생각하고,
또 생각해봐도
당신만한 사람이 없다는 생각입니다.

저만의 생각이 아닙니다.
주변 모든 사람들도
저와 같은 생각일 겁니다.

그래서 용기를 냈습니다.
이 말을 꼭 해야겠다고…….

당신만한 사람이 없습니다.
당신 같은 사람이 없습니다.

'유턴' 하세요

자동차를 운전할 때
가는 길이 목적지와 다를 때
유턴(U턴)을 합니다.
그 길로 계속 가다가는
엉뚱한 곳에서 헤매기 때문입니다.

우리의 인생도 마찬가지.
무작정 달려가다가는
엉뚱한 곳에 다다르게 됩니다.
40대, 50대에 이르러서는
앞이 꽉 막힌 골목길에 다다르게 됩니다.

당신의 인생에도 지금
'유턴'이 필요합니다.
새로운 길로 방향을 틀어보세요.
그러면 구불구불했던 길이
평탄대로의 길로 바뀌게 될 것입니다.

이 길이 아니다 싶으면
빨리 '유턴' 하십시오.

제 판단이 옳았습니다

처음에는 주변 사람들이
많이 말렸습니다.
'힘들다고 하는 세일즈를
왜 하려고 하느냐?' 고 말입니다.
저도 덩달아 망설였습니다.
'과연 잘 해낼 수 있을까?' 하는
걱정 때문이었죠.

그러나 지금 돌이켜보면
그 모두가 틀렸다고 생각합니다.
다들 세일즈에 대해 선입관을 가지고
말하는 것 같아요.

지금은 압니다.
세일즈가 어려운 일이 아니라는 것을.
땀 흘린 만큼 정직하게 거두는 일이
바로 세일즈입니다.

세일즈를 선택한 것은
정말 잘 한 일입니다.

아무나 갈 수 있는 길은 가지 않습니다

해병대 부대 정문 옆에는
이런 간판이 세워져 있습니다.
“누구나 해병이 될 수 있다면
난 결코 해병을 택하지 않았을 것이다.”
선택된 사람만이
해병이 될 수 있다는 말입니다.
또한 이렇게 말합니다.
“해병은 태어나는 것이 아니라 만들어진다.”

누구나 세일즈맨이 될 수 있다고 한다면
보람과 소득이 이렇게
남다르지 않을 것입니다.

선택된 사람들이
훈련과 노력을 통해
새로운 세상을 만들어가는 것이
우리의 일입니다.

쉬운 길을 쫓지 말고
새로운 길을 만들어가세요.

장사 아닌 게 아무것도 없습니다

결혼하셨습니까?
자신이 결혼하게 된 것을
가만히 생각해보십시오.
배우자에게 내 자신을 포장해서
팔았기 때문에 결혼하게 된 것입니다.

아직 결혼하지 못했다구요?
왜죠?
만나고 있는 상대방에게
자신을 포장해서 파는 기술,
그것이 부족했기 때문입니다.

이 세상에 장사 아닌 것이
아무것도 없습니다.
살아가는 일상의 모든 행동이 다
세일즈라는 말입니다.

우리는 세일즈라는 생활 속에서
살고 있습니다.

이 세상에 태어나서……

같은 삶을 살더라도
사는 모습이 다 다릅니다.

매미처럼 허송세월을 보내다
사라져가는 사람이 있는가 하면,
개미처럼 오로지 자신만을 위해 사는
이기적인 사람이 있습니다.
그러나 꿀벌처럼 자신뿐만 아니라
두루두루 도움이 되는 사람도 있습니다.

당신은 지금
어떤 삶을 살고 있습니까?
매미형입니까?
개미형입니까?
아니면 꿀벌형입니까?

이 세상에 태어나서
같은 삶을 살더라도…….

세일즈는
더불어 살아가는 직업입니다.

안녕하세요?

"안녕하세요?"
우리가 가장 많이 쓰는
인사말입니다.

이 말 속에는
"밤새 별일 없으셨습니까?"
"편안하고 건강하십니까?"
하는 마음이 담겨 있습니다.
만날 때마다
상대방의 건강과 평안을 챙겨주는
아름다운 마음의 표현입니다.

우리가 하는 일은
고객의 건강을 지켜주는 일입니다.
가정의 평안을 챙겨주는 일입니다.

오늘도 입버릇처럼 말합니다.
"안녕하십니까?"

우리는
건강과 행복을 파는 사람입니다.

나는 행복 장수

이제부터는 저를
행복 장수라고 불러주십시오.
세상에 많은 상품들이 있는데
그 중에 행복이라는
상품을 팔고 있으니까요.

제가 팔고 있는 상품은
크게 두 가지입니다.
하나는 건강이라는 상품이고요,
다른 하나는 행복이라는 상품이죠.
고객의 건강과 행복을
설계해주고 지켜주는 것이
제가 하고 있는 일이랍니다.

'행복 주식회사'
제가 몸담고 있는 회사입니다.
여기에서 저는
고객의 행복과 함께
제 행복도 키워가고 있습니다.

저와 같이
행복 장수가 되지 않으실래요?

중앙경제평론사 Joongang Economy Publishing Co.
중앙생활사 | 중앙에듀북스 Joongang Life Publishing Co./Joongang Edubooks Publishing Co.

중앙경제평론사는 오늘보다 나은 내일을 창조한다는 신념 아래 설립된 경제 · 경영서 전문 출판사로서
성공을 꿈꾸는 직장인, 경영인에게 전문지식과 자기계발의 지혜를 주는 책을 발간하고 있습니다.

프로는 리크루팅을 하고 아마추어는 영업을 한다 〈최신 개정판〉

초판 1쇄 발행 | 2006년 5월 27일
초판 20쇄 발행 | 2011년 9월 15일
개정초판 1쇄 발행 | 2012년 6월 27일
개정초판 9쇄 발행 | 2022년 1월 15일
개정2판 1쇄 발행 | 2023년 3월 25일
개정2판 2쇄 발행 | 2024년 12월 20일

지은이 | 문충태(ChoongTae Moon)
펴낸이 | 최점옥(JeomOg Choi)
펴낸곳 | 중앙경제평론사(Joongang Economy Publishing Co.)

대 표 | 김용주
편 집 | 백재운
디자인 | 박근영
인터넷 | 김회승

출력 | 케이피알 종이 | 한솔PNS 인쇄 · 제본 | 영신사

잘못된 책은 구입한 서점에서 교환해드립니다.
가격은 표지 뒷면에 있습니다.

ISBN 978-89-6054-312-6(03320)

등록 | 1991년 4월 10일 제2-1153호
주소 | ㊕04590 서울시 중구 다산로20길 5(신당4동 340-128) 중앙빌딩
전화 | (02)2253-4463(代) 팩스 | (02)2253-7988
홈페이지 | www.japub.co.kr 블로그 | http://blog.naver.com/japub
네이버 스마트스토어 | https://smartstore.naver.com/jaub 이메일 | japub@naver.com
♣ 중앙경제평론사는 중앙생활사 · 중앙에듀북스와 자매회사입니다.